교양 필독 문고

역사
어떻게 볼 것인가

이 주 영 지음

교학도서(주)

머리말

　오래전에 미국의 역사가 칼 베커(1873~1945)는 역사를 배우는 목적이 조간 신문을 더 잘 이해하기 위한 것이라고 말한 적이 있었다. 역사를 극히 실용적인 관점에서 본 것이다.

　이와는 달리 역사를 역사 철학의 관점에서 본 사람들도 많다. 그들은 인류의 긴 역사를 훑어보노라면 인간의 앞날에 관해 어떤 원대한 목표나 거창한 법칙 같은 것을 발견할 수 있을 것이라고 기대하는 사람들이다.

　필자는 역사를 전공하지 않은 사람이라 할지라도 모두 자기 나름대로 역사관을 가지고 있다고 생각한다. 어떻게 해서 그러한 역사관을 가지게 되었는지는 모르지만, 대부분의 사람들은 자기가 속한 사회가 과거로부터 현재까지 어떻게 이어져 왔고, 미래에 어떻게 될 것인지에 대한 생각을 가지고 있기 때문이다.

　필자는 그들의 생각이 전문적인 역사가들의 그것에 비해 가치가 없다고 생각하지는 않는다. 어느 전문가도 역사 전체를 알고 나서 자기의 역사관을 형성하지는 못하기 때문이다. 그러한 관점에서 본다면, 전공자와 비전공자 사이에 근본적인 차이는 없다. 역사를 전부 다 모르기는 모두 마찬가지이기 때문이다.

　이 책은 역사를 이해하는 데 어떤 접근 방법들이 있는가를 간략히 소개하고 평가하기 위한 것이다. 독자들은 많은 시각 가운데서 자기의 것과 가장 비슷한 역사관을 발견해 그것을 토대로 체계를 세우게 될 것이다. 그렇게 되면, 자기의 생각이 어떤 위치를 차지하는지도 알게 될 것이다.

　지금 우리나라의 사회와 학계는 역사를 보는 시각과 관련하여 많은 문제점을 가지고 있다. 그 가운데서도 가장 심각한 문제는 지나치게 감정적(感情的)인 태도로 역사를 본다는 것이다. 어떤 사건, 어떤 현상, 어떤 세력, 어떤 인물을 평가함에 있어서 찬양과 비난의 정도가 너무 심하다는 것이다.

이 책은 그와 같은 과열된 감정을 완화시켜 우리 사회가 지나친 과장(誇張)의 행태로부터 벗어나게 하는 데 조금이나마 기여하기를 바라는 마음에서 쓰여진 것이다. 완전히 객관적인 역사 지식은 얻을 수 없다 하더라도, 객관성에 보다 더 가까운 역사적 판단(判斷)에 이를 수 있는 지적 풍토의 조성에 기여하기를 바랄 뿐이다.

2018년 2월   일

이 주 영 (李 柱 郢)

차례

제1장 역사의 효용성

　역사를 배우는 목적은 과거로부터 얻은 교훈(敎訓)을 토대로 앞날의 일을 예측(豫測)하기 위한 것이라는 말들을 한다. 그러나 과연 역사라는 학문이 그와 같은 역할을 해낼 수 있을까?

1. 역사에서 교훈을 얻을 수 있을까

역사가는 예측의 능력이 있는가

　인간이 지구상에 나타나서 지금까지 가장 궁금하게 생각해 온 관심사는 앞으로 그의 운명이 어떻게 될지 알고 싶었던 것이다. 그 때문에 예언을 하려는 점술가도 나타났고, 신의 뜻을 알려는 신학자도 나타났고, 자연과 인간 사회의 법칙을 알려는 과학자와 사회과학자도 나타났던 것이다.

　예측의 임무는 역사가(歷史家)에게도 주어진다. 그들은 미래에 대한 예측의 실마리를 과거로부터 찾을 수 있다고 생각하는데, 그러한 태도를 역사주의(historicism)라고 부른다.

　영국의 카(Carr, E.H.: 1892~1982)는 《역사란 무엇인가(1960)》라는 책으로 유명해진 역사가이다. 그 책은 1980년대 우리나라 운동권 학생들의 필독서가 되기도 했다. 그러나 그와 같이 존경받는 큰 역사학자도 말년에 소련 공산주의 체제의 붕괴를 예측하지 못했다. 그런데 그의 전공은 바로 러시아사였다.

　학문의 예측 능력에 대한 실망감은 1997년에 우리나라가 'IMF

사태'로 불리는 심각한 경제 위기에 부딪혔을 때도 나타났다. 그 당시 수많은 경제 전문가들이 있었지만, 그 같은 위기를 예측하고 경고한 사람은 극히 드물었기 때문이다.

역사가의 기본 임무는 '있었던 그대로' 쓰는 것

그렇다고 해서 모든 학문이 쓸모가 없다고 말하는 것은 아니다. 그것은 단지 인간이 무엇이든지 알고 미래를 예측할 어떤 거창한 법칙을 찾을 수 있다는 자만감(自慢感)에 빠지지 말도록 충고하려는 것이다.

이와 같은 겸허한 관점에서 보면, 역사가의 일차적인 임무는 '과거에 실제로 일어났던 것(what actually happened)'을 연구하고 서술하는 것일 뿐이다. 그러고는 그 결과물이 인간의 삶을 개선하는 데 도움이 되기를 바랄 뿐이다.

그렇지만 그렇게 해서 얻은 역사적 지식이 실제로 인간에게 얼마나 도움이 될지는 누구도 장담할 수는 없다.

역사를 공부하다 보면 인간은 정말 다양(多樣)하고 복잡(複雜)하고 불확실(不確實)한 존재라는 것을 알게 된다. 그런데도 '역사의 필연'이니 '역사 과학'이니 하는 거창한 용어를 사용하는 역사가들이 있다. 그 경우에 그들은 자신의 주관(主觀)과 편견(偏見)에서 만들어진 허상(虛像)을 좇는 몽상가(夢想家)가 된 것이다.

역사책을 읽기 전에 저자에 대해 아는 것이 좋다

모든 사람이 역사를 '있었던 그대로' 연구하고 써야 한다고 주장한다. 하지만 실제로 역사가들은 그 과정에서 객관성(客觀性)을 유지하기가 어렵다. 어느 누구도 자신의 주관과 편견으로부터 자유롭지 못하기 때문이다.

그래서 카(Carr, E.H.)는 역사책을 읽기 전에 우선 그것을 쓴 저자가 어떤 사람인지 알아볼 것을 권고했다. 저자의 출생과 성장 과정, 교육과 사회 경력, 정치적 성향과 종교적 배경을 미리 알아 두면 그 책의 성격을 대체로 파악할 수 있기 때문이다.

우리나라처럼 고향에 대한 애착이 유난히 강한 곳에서는 저자의 출신 지역(出身地域)을 아는 것이 특히 중요하다. 또한 남·북한의 이념적, 군사적 대결 상황의 영향력도 아주 크기 때문에 저자의 이념적(理念的) 배경을 아는 것도 중요하다.

진보좌파와 보수우파의 구분

우리나라 역사가들을 이념가(이데올로그)로 본다면, 자유주의자, 자본주의자, 보수주의자, 파시스트, 무정부주의자, 사회주의자, 공산주의자, 민중주의자 등으로 구별할 수 있다. 그러나 모든 지식인을 그처럼 세밀하게 구분하는 것이 쉽지 않으므로 크게 '좌파'와 우파', '진보파'와 '보수파'로 나눌 수 있다.

그러나 그러한 구분법은 개인의 이념적 성향을 너무 단순화할 위험이 있다. 그러므로 넓은 의미에서 '진보 대연합'을 가리키는 '진보좌파(進步左派)'와 '보수 대연합'을 가리키는 '보수우파(保守右派)'로 나누기도 한다.

지식인들 가운데는 자신을 '진보파'로 보면서도 '좌파'는 아니라고 생각하는 사람이 많다. 그러나 선거를 비롯한 현실 문제에 있어서 '진보파'와 '좌파'는 하나의 세력으로 행동하는 경우가 많다. 그 경우에 두 세력을 '진보좌파'로 묶어 불러도 그렇게 무리한 호칭(呼稱)은 아닐 것이다.

그것은 '보수파'와 '우파'의 합성어인 '보수우파'의 경우도 마찬가지다.

미국에서도 그러한 유형의 구분을 필요로 하고 있기 때문에 the liberal-leftist coalition과 the conservative-rightist coalition이 사용되고 있는 것이다.

역사를 몰라도 역사관은 가지게 된다

과거에 미국 해군에서는 새로 입대한 병사들을 위한 '오리엔테이션'에서 종교와 정치에 관한 이야기를 하지 말라고 강조했다고 한다. 그러한 주제는 의견 충돌을 일으키기 쉬운 민감한 문제들이기 때문이다.

실제로 종교와 정치사상은 한 사람의 역사관을 형성하는 결정적인 요인이 된다. 역사를 체계적으로 공부하지 않은 사람이라 할지라도, 특정 종교나 이데올로기를 따르면 그것들에 포함된 역사관을 고스란히 받아들이기 때문이다. 그 때문에 거의 모든 사람은 자기 나름대로의 역사관을 갖게 된다. 그러한 현실을 설명하기 위해 미국의 역사가 베커(Becker, Carl. : 1873~1945)는 '모든 사람이 자기(自己)의 역사가(歷史家)'(Everyman his own Historian)라고 말했던 것이다.

현대 한국을 사로잡았던 혁명의 관념

시대마다 어떤 특정한 역사관이 유행하게 되는데, 그러한 사상은 흔히 '시대정신(時代精神)'이라고 불린다.

그런 관점에서 본다면 20세기 초 일본에 나라를 빼앗겼을 당시 한반도의 '시대정신'은 민족주의(民族主義)였다. 그에 따라 형성된 '민족사관'은 민족의식(民族意識)을 일깨우기 위해 민족의 우수성과 독창성, 그리고 자주성을 강조하는 역사관이었다.

민족주의 운동에는 이데올로기 문제가 있었다. 독립이 되고 나면

'새 나라'가 세워질 것인데, 그것의 이념적 성격(性格)을 어떻게 결정할 것인가 하는 문제가 따르기 때문이다. 미국 유학 경험이 있는 윤치호(1865~1945)에게는 자유주의 국가가 그 모델이 될 수 있었겠지만, 소련 유학 경험이 있는 박헌영(1900~1955)에게는 공산주의 국가가 그 모델이 될 수 있었다.

그러나 일본 통치 밑의 한국인들은 가난한 피압박 민족이었기 때문에 자유주의보다는 공산주의(共産主義)에 훨씬 더 관심이 쏠렸다. 그러므로 그 시대 한국인들의 또 다른 '시대정신'은 공산주의가 될 수밖에 없었다.

그런데 민족주의 운동이든, 공산주의 운동이든 모두 혁명(革命)을 필요로 했다. 일본이 순순히 한국인에게 독립을 허용하지 않을 것은 물론이고, 유산 계급도 순순히 무산대중에게 재산을 포기하지 않을 것이기 때문이다. 그러므로 식민지 시대의 세 번째 시대정신은 혁명 사상(革命思想)이 될 수밖에 없었다.

사라져 가는 혁명의 전통

1945년, 일본이 물러간 다음에도 한반도에는 앞에서 본 것과 같은 세 개의 시대정신이 계속되었다.

민족주의자들의 입장에서 보면, 한반도의 남북 분단으로 통일된 민족 국가가 세워지지 못했기 때문에 민족주의 혁명이 계속 필요한 것으로 생각되었다.

공산주의자들의 입장에서 보면, 공산화는 남한 지역에서 수행되지 못하고 있기 때문에 공산주의 혁명이 계속 필요한 것으로 보였다. 최근까지도 북한의 김정은은 신년사에서 '혁명 과업의 완수'를 강조하고 있는데, 그것은 20세기 초반의 혁명 전통이 계속되고 있음을 보여 주고 있는 것이다.

그러나 21세기의 한반도에서 식민지 시대의 세 가지 시대정신(時代精神)은 더 이상 이어 가기가 어렵게 되었다.

우선 민족주의 전통이 크게 약화되었다. 6·25 전쟁으로 분단이 더욱더 굳어짐으로써 통일된 국민 국가(國民國家)의 건설이 더욱더 어려워졌다. 게다가 통일을 가로막는 강대국들의 압박(壓迫)도 1945년의 해방 당시보다 더욱더 강화되었다.

남북한 사이에 이질화(異質化)도 더욱더 심해져 '민족'의 의미가 달라지게 되었다. 남한에 있어 '민족'은 '한민족'을 의미하지만, 북한에 있어 '민족'은 '김일성 민족', '태양 민족'을 의미하게 되었기 때문이다. 민족의 의미가 달라졌으므로 통일의 대상이 누구인지조차도 분명하지 않게 되었다.

공산주의와 혁명의 전통도 더 이상 이어 가기가 어렵게 되었다. 공산주의 혁명의 모델이었던 소련이 1991년에 해체되어 혁명의 목표가 사라졌기 때문이다.

사실 대신 염원에 토대를 둔 감상주의적인 역사관

그럼에도 불구하고 북한의 집권 세력과 남한의 일부 지식인들은 이와 같은 국내외의 변화를 제대로 파악하지 못한 채 여전히 식민지 시대의 혁명의 전통에 매달리고 있다.

그들이 이처럼 과거에 매달리게 된 것은 그들의 역사관이 역사적 사실(事實)에 토대를 두지 못하고 개인적인 희망이나 염원(念願)에 토대를 두고 있기 때문이다. 그러므로 그들의 역사상(歷史像)은 '있었던 그대로'의 사실이 아니라, 추상적인 논리(論理)나 감정(感情)으로부터 이끌어 낸 허상(虛像)인 것이다.

그와 같은 비(非)현실적인 역사의식 때문에 한국인들은 비참한 6·25 전쟁과 소모적인 남북 대결 및 국내적인 갈등을 겪게 되었다.

그와 같은 비현실성에 대해 미국의 언론인인 리프먼(Lippmann, Walter: 1889~1974)은 다음과 같이 경고한 적이 있었다. "이 세상은 그것을 천국(天國)으로 만들려는 사람들 때문에 더욱더 지옥(地獄)이 되어 가고 있다."고.

그 말은 1930, 40년대에 소련의 공산 혁명가들과 독일의 나치 혁명가들이 '유토피아'를 건설한다면서 인간을 살육과 파괴의 아수라장으로 만들고 있는 것을 고발한 것이었다. 하지만 우리에게도 해당되는 교훈이다.

역사 공부는 전기와 회고록으로 시작해야

역사에서 교훈이 될 지식을 얻기 위해서는 보다 많은 역사적 사실을 알아야 하는데, 문제는 읽을 것이 너무나 많다는 것이다. 따라서 독자들에게는 역사책을 고르는 일이 중요하게 된다.

역사책들을 고를 때 가장 손쉬운 대상은 개인의 생애를 다룬 전기(傳記)나 자서전(自敍傳)이다. 물론 위인전이나 회고록은 그 내용이 과장되거나 왜곡되거나 날조되었을 가능성이 크다. 그럼에도 불구하고 그것들은 복잡한 역사적 사실을 이해하는 데 필요한 기초지식을 빨리 얻는 데는 아주 효과적이다.

사실 대부분의 역사책은 역사의 한 부분만을 다루고 있으므로 역사의 전체상(全體像)을 아는 데는 부적합하다. 따라서 그러한 단편적인 역사책을 읽는 것은 영화를 볼 때 처음부터 끝까지 못 보고 중간 부분만 보고 끝내는 것과 같다.

그러나 한 사람의 생애를 다룬 전기나 회고록은 짧기는 하지만 그 자체로 완결된 하나의 역사이다. 따라서 그것은 특정한 시대의 특정한 문제만을 다룬 대부분의 역사책들보다는 더 넓은 시야와 더 많은 교훈을 줄 수도 있다.

2. 역사에서 진보란 무엇인가

진보는 도구의 발명으로 시작되었다

진보(進步)의 개념은 흔히 17세기 유럽의 과학 혁명과 함께 나타난 '근대적인' 현상으로 생각되고 있다. 하지만 그러한 주장은 진보를 좁은 의미에서 해석한 것이다.

진보의 개념은 인간이 이 지구 위에서 살기 시작해 문명(文明)의 단계에 들어가는 순간부터 나타난 것이다. 그것은 자연 상태의 인간이 굶주림과 추위, 그리고 적들의 공격으로부터 살아남으려는 노력 때문에 시작되었다.

인간은 다른 동물들과는 달리 혼자의 힘만으로는 위험한 상태를 벗어날 능력이 모자랐다. 그 때문에 그것을 보완할 도구(道具)를 만들기 시작했는데, 그러한 행동의 시작이 문명의 시작이고 진보의 시작이었다.

진보의 핵심은 기술 발전

도구의 발명과 개량으로 인간은 사냥이나 채집에 의존하던 불안한 떠돌이 생활을 멈추고 한 곳에 정착해 농경 생활(農耕生活)을 하게 되었다. 그러고는 먹고 남은 곡물을 저장해서 앞날에 대비할 수 있게 되었다.

그에 따라 농기구와 무기(武器)를 개량하는 기술은 더욱더 발전했다. 기술은 도시 문명을 유지할 토목 공사와 관개 사업을 추진할 정도로 그 수준이 높아졌다.

그러므로 문명, 즉 진보는 인간이 자연 상태를 극복하는 과정에서 이루어 내는 기술적인, 물질적인 성과로 정의할 수 있다. 그 때문에 미국의 사회학자 오그번(Ogburn, William.: 1889~1959)은 도구를 만드는 기술(技術)의 발전이 문명(文明) 발전의 원동력(原動力)이라고 했던 것이다.

이러한 관점에서 보면 인류의 역사는 본질적으로 문명사(文明史)이다. 따라서 문명의 수준(水準), 즉 기술 발전의 수준에 따라 국가들은 선진국과 후진국으로 구분되는 것이다.

기술 발전에는 국가 같은 큰 조직이 중요

그러나 높은 수준의 기술을 개발하고도 그것을 활용하지 못하고 다른 개인이나 다른 나라에 넘겨주는 경우도 많다. 그 대표적인 경우로 1492년에 대서양을 건너 아메리카 대륙을 발견한 콜럼버스(Columbus, Christopher: 1451~1506)를 들 수 있다.

콜럼버스는 당시 최고의 항해술과 과학 지식을 갖춘 항해사였다. 하지만 그는 자기의 조국 이탈리아에서는 후원자를 찾을 수 없었기 때문에 불행하게 에스파냐 왕국의 도움을 받았다. 그러므로 그는 자기의 조국이 아닌 에스파냐를 세계 제국(帝國)으로 발전시키는 데 크게 기여하였던 것이다.

기술 발전의 중요한 도구인 문자

기술을 발전시키는 데에 있어서는 문명화(文明化)의 또 다른 도구인 문자(文字)의 공로가 컸다. 문자는 이미 얻어진 기술과 경험을 다른 사람들과 후손들에게 전달해 축적하게 함으로써 진보를 촉진하는 수단이었다. 따라서 우수한 문자를 가진 사회가 문명화에 성공했던 것이다.

그러한 관점에서 본다면, 지금까지 문명 발전에 가장 크게 기여했던 문자는 영어를 중심으로 한 알파벳이었다. 그것의 공헌은, 대량 생산을 가져온 산업 혁명(Industrial Revolution)이 영어를 사용하는 19세기의 영국에서 처음 시작되고, 20세기의 미국에서 그 절정을 이루었다는 사실에서 나타난다.

산업 혁명은 3단계를 거치면서 이루어져 왔다. 즉, 그것은 증기 기관을 사용한 18세기의 제1차 산업 혁명, 전기를 사용한 19세기의 제2차 산업 혁명, 컴퓨터를 사용한 20세기의 제3차 산업 혁명이었다. 지금은 인공 지능(人工知能)과 제조업을 결합한 제4차 산업 혁명으로 들어가고 있다.

이와 같은 전환기에 대한민국도 한글에 힘입어 제4차 산업 혁명을 이끌어 갈 선도(先導) 국가의 하나가 될 가능성이 있어 보인다. 왜냐하면 한글은 컴퓨터를 활용하는 데 영어 못지않은 능률성을 가진 문자로 평가되고 있기 때문이다.

역사는 문명사인 동시에 문화사

앞에서 본 바와 같이, 인간의 역사는 기본적으로 자연 상태를 물질적인 측면에서 극복하려는 문명사(文明史)였다. 동시에 그것은 인간이 자연 상태를 정신적, 지적(知的), 도덕적인 측면에서 극복하려는 문화사(文化史)이기도 했다.

야만 상태(野蠻狀態)에서 인간은 굶주리기도 했지만, 무례하고 잔인하기도 했다. 그러므로 인간이 평화롭게 살기 위해서는 질서와 품위를 유지할 능력을 갖추도록 야만성이 순화(醇化)되어야 할 필요가 있었다. 즉, 인간에게는 교양 교육을 통한 '영혼과 정신의 도야(陶冶)'가 필요했던 것이다.

그 때문에 인간 사회에는 동물의 무리와 달리 종교, 도덕, 규범, 법, 제도, 예술이 나타나게 되었다. 그 가운데서도 특히 법(法)이 중요했다. 왜냐하면 그것은 질서를 유지하는 중요한 수단이 되었기 때문이다.

그러므로 진보는 기술적, 물질적 개선을 의미하는 '문명'과 지적(知的), 도덕적 개선을 의미하는 '문화'가 동시에 발전하는 것이라고 말할 수 있다.

진보를 평등의 관점에서만 보는 것이 문제

그런데도 인간은 지금까지 기술(technology)의 발달이 문명화와 진보의 핵심이라는 기본적인 역사적 사실을 제대로 이해하지 못하고 살아왔다.

인간이 그 사실을 더 심각하게 생각해서 기술 발전에 거의 모든 힘을 집중했더라면 빈곤 문제는 오래전에 해결되고 그에 따라 불평등의 문제도 상당히 개선되었을지도 모른다. 식량 생산을 늘리기 위해서는 우선 비료와 농기계를 공급할 공업화(工業化)가 이루어져야 하기 때문이다.

그러나 인간은 기술 발전에 힘을 집중할 수가 없었다. 언제나 극심한 사회적 갈등에 휘말려 힘을 소모했기 때문이다.

그에 따라 진보는 주로 사회적 갈등을 줄이기 위한 경제적 분배(分配)와 사회적 평등(平等)의 진전을 의미하게 되었다. 그래서 진보는 공산주의자와 사회주의자의 전유물(專有物)처럼 되었다.

진보가 도구의 개량(改良), 즉 기술의 발전과 야만성(野蠻性)의 순화(醇化)를 의미한다는 역사적 사실을 잊고 살아왔기 때문에 인간의 대부분은 아직까지 굶주림의 고통으로부터 벗어나지 못하고 있다. 그리고 적들의 공격으로부터 자신을 지킬 무기(武器)도 갖추지 못하고 있다.

그러한 사실에 비추어 볼 때, 인간은 그리스 신화에 나오는 시시포스(Sisyphos)처럼 어리석은 일을 되풀이해 왔다. 즉, 인간은 높은 언덕 위로 큰 바위를 힘들게 밀어 올리기는 하지만, 꼭대기에는 그것을 고정시킬 평지(平地)가 없기 때문에 밑으로 굴러 내려가, 또 다시 밀어 올려야 하는 고통스러운 일을 반복해야만 하는 운명인 것이다.

그러므로 인간은, 그 가운데서도 특히 약소국과 후진국의 국민들은 아무 의미 없는 일을 반복하는 시시포스의 운명으로부터 벗어나야 한다. 그렇게 되기 위해서는 이상적인 평등 사회를 꿈꾸는 '이데올로그'(이념가)들의 공허한 약속에 현혹되지 말아야 한다. 그러고는 도구(道具)를 만드는 원시인들의 초심으로 돌아가야 한다.

문명에는 수준 차이의 문제가 따른다

그러나 문명과 문화에는 단순한 다름(difference)을 넘어 수준(水準)의 차이가 있다는 것이다. 그에 따라 국가들은 선진국(先進國)과 후진국(後進國)으로 구분되고, 후진국은 선진국을 모방해 '따라잡아야 한다(catch-up).'는 과제를 안게 된다.

다른 한편에서 문명과 문화는 힘 있는 자들이 힘없는 대중을 억압(抑壓)하는 수단이 된다는 비판을 받아 왔다. 오스트리아의 정신분석학자인 프로이트(Freud, Sigmund : 1856~1939)가 '문명에 대한 불만'을 지적한 것이 대표적인 경우이다.

그러나 다행스럽게도 인간은 억압의 원인을 줄임으로써 그러한 불만을 적지 않게 해소하는 데 성공했다.

우선 인간은 산업 혁명을 통해 물질적 풍요를 가져옴으로써 빈곤을 상당히 추방했다. 또한 인간은 개인의 자유를 최고의 가치로 여기는 자유주의(自由主義) 이념을 구현하고 통치자들을 자유선거로 뽑는 민주주의(民主主義) 제도를 도입했다.

그에 따라 인간 사회에는 굶주림, 불평등, 억압의 요소가 적지 않게 사라졌다. 그것은 중산 계급(中産階級)의 수효가 크게 늘어나고, 많은 나라에서 특권(特權)이 세습되는 군주제(君主制)와 귀족제(貴族制)가 사라진 사실로 입증된다.

아직도 영국, 일본, 사우디아라비아 등 유럽, 아시아, 중동의 여러 나라에 국왕이나 귀족과 같은 세습적(世襲的)인 특권층이 남아 있기는 하다. 하지만 그들의 영향력은 고대나 중세에 비교해 크게 약화되어 있는 것이다.

3. 혁명과 개혁, 어느 것이 진보인가

현실과는 동떨어진 진보 · 보수 논쟁

기술 발전이 문명 발전의 주된 원동력이라면 기술 혁신을 통해 물질적 발전을 추구하는 쪽이 진보(進步)가 되고, 그것을 가로막는 쪽이 보수(保守)가 된다.

그러나 오늘날 진보의 문제를 주로 평등(平等)의 관점에서 보고 있기 때문에 진보 · 보수에 대한 오해가 생기게 되었다.

오해로 보이는 그 같은 주장에 따르면, 기술의 발달은 개인들의 역할을 다르게 만드는 분업(分業)을 가져옴으로써 소득과 지위에서 불평등(不平等)을 발생시켰다는 것이다. 그러므로 기술 사회의 불평등을 그대로 유지하려면 보수(保守)가 되고, 그것을 변혁하려면 진보(進步)가 된다는 것이다.

그러나 이와 같은 진보 · 보수의 구분법은 역사적 사실을 제대로 설명해 주지 못한다. 그것은 2012년에 집권한 올랑드의 사회당 정권이 통치하고 있는 프랑스를 보면 잘 나타난다.

프랑스는 지금까지 사회적 평등을 강조하는 진보적인 나라로 알려져 왔다. 진보 세력은 주로 사회당과 공산당이었다. 그러므로 올랑드의 사회당 내각은 진보적인 정권이 된다.

그러나 사회당 정권은 2016년 노동조합을 억제하는 방향으로 노동법을 개정하려고 했다. 평등주의적인 정책이 기업 활동을 억제함으로써 경제 불황(不況)의 원인이 되고 있다고 생각되었기 때문이다. 그것은 보수적이라는 비난을 받았다.

그런데도 사회당 정권은 여전히 진보파로 분류되고 있다. 이것은 진보파와 보수파는 정책의 구체적인 내용과는 관계없이 항상 고정되어 있는 개념으로 사용되고 있음을 보여 주고 있다. 정책의 내용이 어떻든 진보파는 항상 진보고 보수파는 항상 보수라는 모순된 주장이 발생한 것이다.

진보 · 보수 논쟁은 선전전의 성격이 강하다

그 경우에 진보 · 보수의 구분은 선전적(宣傳的)인 의미만을 가질 뿐이다. 사회당은 보수적인 정책을 시행하고도 진보파로 불린 것이다. 정치판에서 진보파는 보수파에 비해 대체로 유리하므로 사회당은 선전전(宣傳戰)에서는 효과를 본 것이다.

그러나 선전적인 의도에서 자기편을 진보 세력으로 규정하고, 다른 편을 보수 세력으로 매도하는 행동에는 위험이 따르기도 한다. 그 대표적인 경우가 광복 직후 박헌영을 비롯한 남한의 공산주의자들이었다. 그들은 소련과 북한의 체제를 '진보적 민주주의'로 찬양하고, 자기들이 그 편에 서 있다고 주장하면서, 그 반대편을 보수반동으로 매도함으로써 선전전에서 우위를 차지했다.

그러나 당시 소련과 북한의 전체주의(全體主義) 체제를 '진보'나 '민주주의'로 볼 수 있는 객관적인 근거는 없었다. 공산 혁명으로 낡은 특권은 사라졌을지 모르지만, 새 지배 계급의 새로운 특권이 생겨났기 때문이다.

그리고 '자유선거'를 한 번도 시행해 본 적이 없었기 때문에 그 체제는 '민주주의'가 아니었다. 공산당을 '노동당'으로 명칭을 바꾸었지만, 영국 노동당과 같은 일반적인 노동당의 정체성(正體性)과는 맞지 않는 것이었다.

만약 그들이 '진보주의자', '민주주의자', '노동당원'으로 위장하지 않고 순수한 공산주의자로 행세했다면, 오늘날에도 추종 세력을 가졌을 것이다. 그러나 그들은 공산주의자로서의 정체성을 숨겼기 때문에 지금은 남북 어디에서도 후계자들을 찾지 못하게 된 것이다.

인간은 혁명의 시련을 감당할 능력이 없다

진보 · 보수의 논쟁은 혁명 · 개혁의 논쟁과도 연결된다. 왜냐하면 대체로 진보좌파는 혁명(革命)을 외치고 보수우파는 개혁(改革)을 외치기 때문이다.

혁명이 사회 변혁의 수단으로 역사에서 중요하게 등장한 것은 1789년의 프랑스 대혁명 때였다. 당시 계몽사상(啓蒙思想)에 물든 혁명가(자코뱅파)들은 혁명이란 급격한 방법을 통해 불합리한 사회 구조를 한꺼번에 무너뜨리고 자유, 평등의 이상 사회를 세울 수 있다고 믿었다.

당시 프랑스의 혁명파는 세습적 특권을 누려 오던 국왕과 귀족들을 반혁명(反革命) 세력으로 몰아 처형하고 재산을 빼앗았다. 그 과정에서 사용되는 폭력(暴力)은 인간의 진보를 위해 어쩔 수 없이 겪어야만 할 단계라고 정당화했다.

그러나 프랑스 혁명은 그 진행 과정에서 혁명가들이 예상하지 못했던 참혹한 결과를 가져왔다. 혁명가들의 통치는 이전의 군주제(君主制) 때보다 더 무서운 독재인 공포 정치(恐怖政治)를 가져왔기 때문이다.

그에 따라 혁명 자체에 반대하는 보수우파 세력이 형성되었다. 게다가 유럽의 다른 나라들이 혁명에 반대했기 때문에 프랑스 국민은 그들과의 전쟁(戰爭)에 휘말리게 되었다.

그 이후의 프랑스 역사는 혁명파와 반(反)혁명파 사이의 극심한 갈등으로 내전(內戰)의 연속이었다. 그 결과는 국력(國力)의 엄청난 소모였다.

혁명을 겪은 나라와 그렇지 않은 나라의 차이는 과연 있나

혁명의 전통 때문에 프랑스의 국력이 약화(弱化)되었다는 것은 잘 알려진 사실이다. 그것은 프랑스가 1871년의 프로이센과의 전쟁부터 1950년대의 알제리 전쟁에 이르는 80년간의 모든 전쟁에서 패배했던 사실에서 나타났다.

혁명의 파괴성(破壞性)은 이미 프랑스 혁명 당시에도 지적되었다. 영국의 버크(Burke, Edmund: 1729~1797)는《프랑스 혁명의 반성》이라는 책에서, 수백 년에 걸쳐 발전되어 온 제도들이 혁명으로 순식간에 파괴되고 있음을 개탄했던 것이다.

버크가 볼 때 프랑스 사회는 현재(現在)의 프랑스 사람들만의 것이 아니었다. 그 사회는 과거(過去)의 프랑스 사람들, 그리고 앞으로 태어날 미래(未來)의 프랑스 사람들의 것이기도 했다. 그러므로 현재의 사람들은 기존의 제도를 보존하고 발전시켜 후손들에게 물려주어야 할 의무가 있는데 혁명파가 진보(進步)의 이름으로 그것을 파괴하는 것은 역사를 퇴보(退步)시키고 있다는 것이었다.

오늘날 1789년의 프랑스 혁명은 거의 모든 역사책에서 인류 역사에서 가장 성공한 혁명이며 진보의 출발점(出發點)이라고 높이 평가되고 있다.

그러나 오늘날에 와서 보면, 과연 프랑스 혁명이 남긴 가치와 의

미는 무엇인가 하는 의문을 가지게 된다. 왜냐하면 참혹한 혁명을 겪은 프랑스가 그와 같이 가혹한 과정을 겪지 않은 영국, 네덜란드, 독일, 미국과 비교해 더 자유롭고 번영하게 되었다는 증거는 없기 때문이다.

인간이 감당할 수 있는 변화는 점진적인 개혁뿐이다

아직까지도 프랑스 혁명의 지지자들은 자유 · 평등 · 박애라는 프랑스 혁명의 이상(理想)이 실현되지 않았다고 생각한다. 그 때문에 그것은 미완(未完)의 혁명으로 불리기도 한다.

그러나 2017년 기준으로 거의 230년의 긴 세월이 지나서도 목표가 달성되지 않은 사건이 프랑스 혁명이라고 한다면, 그것은 하나의 역사적 사건으로는 의미가 없다.

1917년의 러시아 혁명도 마찬가지 경우였다. 그것도 20세기 내내 가장 성공한 혁명이라고 평가되어 왔다. 하지만 1991년에 공산 체제(共産體制)가 붕괴되면서 그것의 혁명적 의미는 흔적도 없이 사라졌다.

이러한 역사적 사실에 비추어 보면, 인간의 역사에서 모든 혁명은 역사의 수많은 사건들 가운데 하나일 뿐이지, 역사의 흐름을 바꿀 획기적이고도 장기적인 현상은 못 된다. 왜냐하면 인간에게는 혁명의 거창한 목표와 급격한 변혁을 오랫동안 감당하고 추진할 힘과 인내력이 없기 때문이다.

인간이 감당해 낼 수 있는 변화는 기껏해야 기존 질서를 점진적으로 약간 개선하는 개혁(改革)뿐이다.

그러므로 개혁은 기존 질서를 파괴한 폐허 위에 '새 세상'을 건설한다는 어마어마한 목표에 도달하려는 것이 될 수 없다. 또한 개혁은 과거와의 단절(斷絕)이나 과거의 청산(淸算)이 될 수도 없다. 인간의 삶은 끊어지는 것이 아니라 이어지는 것이기 때문이다.

따라서 개혁은 과거(過去)의 사람들과 현재(現在)의 사람들, 그리고 미래(未來)의 사람들을 이어 주는 지속(continuity) 또는 연속(連續)의 과정에서 일어나는 구체적(具體的)인 문제들에 대한 구체적인 해결을 의미한다.

이처럼 역사에서 일어날 수 있는 변화는 인간이 감당할 만한 범위 안에 있어야 한다는 실용적인 관점에서 본다면, 점진적인 개혁이 급진적인 혁명보다 더 진보적이다.

제2장 역사관의 유형

역사를 전공하지 않은 비전문가들도 그 나름의 역사관(歷史觀)을 가지고 있다. 그리고 전문가들의 역사관이라고 해서 전부 맞는 것도 아니다. 그러므로 전문가든 비전문가든 자신의 역사관이 주관(主觀)과 편견(偏見)에 사로잡힌 하나의 관점(觀點)일지 모른다는 겸허한 태도를 갖는 것이 중요하다.

1. 영웅주의 사관

역사를 이끄는 힘은 개인인가 대중인가

사람들이 역사에 대해 가지는 중요한 관심사의 하나는 역사를 이끌고 가는 힘은 위대한 개인인 영웅(英雄)인가, 아니면 사회 세력인 대중(大衆)인가 하는 것이다. 이 문제는 아주 오래전부터 있어 왔던 의문이었다.

그것에 대한 대답은 대체로 영웅 쪽이었다. 대부분의 사람들이 "사자가 지휘하는 토끼 군단이 토끼가 지휘하는 사자 군단보다 강하다."는 나폴레옹(Napoleon : 1769~1821)의 말에 공감하고 있기 때문이다. 수많은 평범한 사람들로 이루어진 대중보다는 한 사람의 뛰어난 지도자가 더 중요하다는 것이다.

이러한 영웅주의 역사관은 동서양을 막론하고 고대부터 우세했던 주장이었다. 그 때문에 모든 민족의 초기 역사에는 전설적인 영웅을 찬양하는 무용담(武勇談)과 서사시(敍事詩)가 나타났다.

고대 그리스에는 〈일리아드〉, 〈오디세이〉, 《페르시아 전쟁사》가 있었고, 로마에는 《플루타크 영웅전》이 있었다. 또한 중세 유럽에 와서는 영국의 〈베어울프〉와 〈아서 왕 이야기〉, 독일의〈니벨룽겐의 노래〉, 프랑스의 〈롤랑의 노래〉가 있었다.

지금도 살아 있는 영웅주의 역사관

그러한 문학 작품의 주인공들은 모두 자기 민족을 위해 희생했던 불멸의 영웅(英雄)으로 그려져 있었다. 고대 중국의 《삼국지》와 《사기》에 나오는 제왕(帝王), 장수(將帥), 책사(策士)들도 그러한 영웅들이었다.

영웅주의 역사관은 인간의 이성(理性)을 강조한 18세기 유럽의 계몽주의 시대에도 인기가 있었다. 영국의 역사가 칼라일(Carlyle, Thomas: 1795~1881)이 쓴 《크롬웰 전기》와 《프리드리히 대왕 전기》가 대표적인 경우였다. 칼라일이 볼 때 역사는 위인들의 전기(傳記)를 모은 것에 불과했다. 따라서 그에게 있어서 '세계사는 위인들의 역사'일 뿐이었다.

영웅주의 역사관은 20세기에 들어와서도 사라지지 않았다. 독일의 사회학자 베버(Weber, Max: 1864~1920)는 통치자들의 여러 가지 지배 형태 가운데서 '카리스마적 지배'를 중요하게 보았는데, 그것이 바로 영웅주의 역사관이었다.

그러한 유형의 통치자는 자기만이 혼란과 절망의 위기로부터 나라를 구원할 수 있는 '구국(救國)의 영웅'으로 행세하면서 대중을 선동해 권력을 잡고 유지하는 자들이었다. 오늘날 자유주의 이념과 민주 제도가 널리 퍼져 있음에도 불구하고, 아직도 '백마(白馬)를 탄 영웅'으로 행세하는 통치자(統治者)들이 적지 않다.

영웅을 기다리는 대중 심리

‘카리스마적’인 통치자들이 권력을 행사할 수 있었던 데는 영웅을 기다리는 대중에게도 책임이 있다. 미국의 철학자 훅(Hook, Sidney: 1902~1989)에 따르면, 불안한 사회에서는 두려움과 무력감을 느껴 자기를 어버이처럼 보호해 줄 큰 지도자에게 의존하려는 사람들이 많다는 것이다.

독일의 사회 심리학자 프롬(Fromm, Erich: 1900~1980)은 그러한 심리 상태의 대중이 바로 나치 시대의 독일 국민이었다고 주장했다. 사람들은 억압을 싫어하지만, 막상 무한한 자유가 주어지면 마음의 부담을 느껴 강력한 지도자가 자기를 대신해서 어떤 결정을 내려 주기를 바란다는 것이다.

프롬은 그러한 현상을 ‘자유로부터의 도피’라고 불렀다. 대표적인 경우는 전제 군주제 밑에 있다가 제1차 세계대전 후에 바이마르 공화국에서 자유를 얻게 된 독일인들이었다. 극심한 경제적 불황으로 사회적 불안감이 커지자, 그들은 히틀러(Hitler, Adolf: 1889~1945)의 강력한 영도력(領導力)에 의존하려 했다는 것이다.

그러한 현상은 남북 전쟁(南北戰爭) 직후의 미국에서 해방된 노예(奴隷)들에게서도 나타났다. 그들 가운데 상당수는 자기를 속박했던 대농장(大農場, plantation)을 떠나기보다는 그전처럼 주인 밑에서 노예처럼 살기를 원했던 것이다.

2. 민중주의 사관

시대정신이라 불리는 ‘사회의 힘’

그러나 영웅주의 역사관만으로는 역사를 설명하기에 부족하다. 위대한 개인은 어떤 순간에 결정적으로 중요한 역할을 할 수는 있지만, 역사 전체의 방향을 바꾸지는 못하기 때문이다.

그 때문에 영웅도 다른 평범한 개인들과 마찬지로 자기가 속한 사회를 벗어날 수 없고, 따라서 자기 시대의 산물에 지나지 않는다는 주장이 나오게 된 것이다. 이것이 사회 결정론(社會決定論)과 민중주의(民衆主義)의 역사관이었다.

그래서 19세기 초 독일의 철학자 헤겔(Hegel: 1770~1831)은 역사가 사회의 힘이나 시대정신의 힘에 의해 움직인다고 주장했다.

그는 나폴레옹이 군대를 이끌고 유럽의 나라들을 정복하면서 프랑스 혁명의 자유 사상을 퍼뜨리고 있음을 보고서는 '백마를 탄 영웅'이라고 찬양했다.

그러면서도 그는 나폴레옹과 같은 영웅이 없었다고 하더라도 누군가가 걸어서라도 자유 사상을 퍼뜨렸을 것이라고 했다. 왜냐하면 그것은 누구에게나 받아들일 세계정신이며 시대정신이었기 때문이다. 그러한 점에서 보면 그는 사회 결정론자였다.

이처럼 역사의 방향이 사회적으로 결정된다는 생각은 영국의 사회 진화론자인 스펜서(Spencer, Herbert: 1820~1903)에서도 나타났다. 스펜서에 따르면, 영웅이 사회를 만드는 것이 아니라 사회가 영웅을 만드는 것이다. 따라서 개인은 필연적으로 전개되는 역사의 과정에서 보조 역할만 하는 하찮은 존재라는 것이다.

산업 혁명으로 역사에 등장하게 된 대중

이러한 사회 결정론은 19세기 중엽에 산업 혁명(Industrial Revolution)의 급속한 진행으로 노동자 군중(群衆)이 역사에 등장하면서 더욱 힘을 얻었다.

게다가 마르크스(Marx, Karl: 1818~1883)의 역사적 유물론이 계급 투쟁(階級鬪爭)을 강조하게 되면서 역사에서 무산대중(無産大

衆)의 비중은 더욱더 커졌다. 그에 따라 역사에서 대중의 역할을 강조하는 '민중주의 역사관'이 나타나게 되었다.

그럼에도 불구하고 영웅주의 역사관은 완전히 수그러들지 않았다. 왜냐하면 역사를 어느 방향으로 끌고 가려는 민중 운동(民衆運動)과 시대정신이 있다 하더라도 그 운동을 조직하고 이끌 지도력이 없으면 성취되기 어렵기 때문이다.

그 때문에 마르크스주의 운동은 소련의 레닌(Lenin: 1870~1924)과 스탈린(Stalin: 1879~1953)에 이르러서는 개인숭배의 형태로 영웅주의 역사관을 유지했다. 그에 따라 스탈린 시대의 소련은 개인숭배를 상징하는 나라가 되었다.

3. 민족주의 사관

혁명 사상으로서의 민족주의

1789년의 프랑스 혁명을 계기로 하여 민족주의(民族主義, nationalism) 이데올로기가 혁명 사상의 하나로 유럽 전역에 퍼져 나갔다. 그것은 하나의 민족을 하나의 국가 속에 통합하는 국민 국가(國民國家, nation-state)의 건설을 궁극적인 목표로 삼는 이념이었다.

민족주의는 20세기에 들어와 제1차 세계대전을 거치면서 동유럽으로 확산되었다. 그리고 제2차 세계대전을 거치면서는 아시아와 아프리카를 포함한 전 세계로 퍼져 나갔다.

다른 한편에서 민족주의는 이미 세워진 국민 국가의 내부 결속(內部結束)을 강화하려는 국민 통합(國民統合)의 이데올로기로도 작용했다. 나라 안팎에서 도전을 받아 국가의 존속이 위태롭다고 느끼는 경우에 민족주의는 단합을 강조하는 국민주의, 국가주의,

애국주의로 나타났다. 강대국들의 경우에 그것은 국가의 팽창을 합리화하는 제국주의(帝國主義)로도 나타났다.

그러나 약소국이든 강대국이든 민족의 단결을 강조하기 위해서는 '공통(共通)된 과거'를 강조하는 것이 중요했다. 그 때문에 민족주의가 강조되는 지역이나 나라에서는 언제나 '민족주의 역사학'이나 '국민주의 역사학'이 나타났던 것이다.

민족주의의 위험성

민족주의 역사관은 자기 민족의 과거를 아름답게 묘사하는 낭만주의적인 것이었다. 또한 그것은 자기 민족의 해방과 수호를 위해 싸우도록 격려하는 애국주의적인 것이었다. 그 때문에 민족주의 역사학은 민족의 위인들을 찬양하는 영웅주의 역사관을 내세우는 것이 보통이었다.

그러한 유형의 역사관은 독일 민족주의의 전개 과정에서 가장 잘 나타났다.

18세기에 그것은 독일 민족의 고유성과 우수성을 내세우는 헤르더(Herder, Johann: 1744~1803)의 문화적 민족주의로 나타났다. 그리고 19세기에 그것은 여러 개의 작은 독일인 국가들을 하나의 거대한 국가로 통일하려는 정치적 민족주의로 나타났다.

그러나 19세기 후반 비스마르크(Bismarck: 1815~1898)에 의해 국가 통일이 이루어지자, 독일의 민족주의는 내부적 결속을 다지려는 국가주의와 애국주의로, 그리고 해외로 팽창하려는 제국주의와 군국주의로 나타났다.

민족주의 역사관에는 위험성이 따랐다. 자기 민족을 보는 눈이 주관적(主觀的)이고 감정적(感情的)인 것이 될 가능성이 컸기 때문이다. 따라서 그것은 과거를 '있었던 그대로', 즉 객관적으로 본다는 역사학의 기본 임무를 지키기가 어려웠다.

그러므로 그것은 독일의 나치 시대(1933~1945)에 이르러 역사적 사실이 과장되고 왜곡되고 날조되는 극단적인 형태로 나타나게 된 것이다.

4. 실증주의 사관

객관적, 과학적인 역사에 대한 갈망

이와 같은 '민족주의 역사관'에 대한 반발로 나타난 것이 실증주의 역사관(실증 사관)이었다. 그것은 과거에 대해 '있었던 그대로' 써야 한다며 '객관적 역사'와 '과학적 역사'를 내세웠다.

그 대표적인 주창자는 '근대 역사학의 아버지'로 불리는 독일의 랑케(Ranke, Leopold: 1795~1886)였다. 실증주의 역사학은 프랑스의 실증주의 철학으로부터 영향을 받았다.

실증주의 철학은 19세기 중엽 산업 혁명이 본격적으로 진행되면서 과학과 인간 이성을 강조하는 합리주의적인 지적 풍토(知的風土) 속에서 형성되었다.

따라서 그것은 지식이 추상적인 관념(觀念) 대신 구체적인 사실(事實)에 토대를 두어야 한다고 주장했다. "먼저 사실을 확인하고 그다음에 법칙을 발견하라."는 것이 실증주의 철학의 구호였다.

실증주의 철학의 대변자는 프랑스의 사회학자 콩트(Comte, Auguste: 1798~1857)였다. 그는 역사적으로 인간 정신(人間精神)이 신학적(종교적 단계)로부터 시작하여 형이상학적(철학적) 단계를 거쳐 실증적(과학적) 단계로 발전해 왔다고 주장했다. 마지막의 실증적 단계에서는 과학적(科學的) 지식만이 올바른 지식으로 인정받게 되므로 이제는 정치 · 역사 · 종교 · 윤리에 대한 연구도 자연 과학(自然科學)처럼 과학화(科學化)되어야 한다는 것이 콩트의 주장이었다.

'있었던 그대로' 써야 한다

랑케의 실증주의 역사학(실증 사학)은 이러한 실증주의 철학으로부터 영향을 받아 '과학적인 역사'를 내세웠다.

그러나 실증주의 역사학은 역사에서 어떤 법칙(法則)을 발견하려는 실증주의 철학과는 달랐다. 그것은 편견에서 벗어난 객관적(客觀的)인 역사를 쓰도록 강조한 것이었다.

그러므로 랑케에게 있어서 '과학적인 역사'는 단순히 "실제로 일어났던 것(what actually happened)"을 밝히는 것이었다. 구태여 법칙을 발견하려 하지 않더라도 역사를 객관적으로 연구하다 보면, 자연스럽게 역사의 규칙성(規則性) 같은 것을 알게 될 것이라는 주장이었다. 그처럼 역사학(歷史學)에 대한 랑케의 자세는 신중하고도 겸손했다.

그럼에도 불구하고 랑케가 강조한 '객관적인 역사', 즉 '과학적인 역사'는 실제로 불가능했다. 역사가 자신이 주관과 편견으로부터 벗어나기가 어렵기 때문이다.

설사 객관적인 태도를 유지하려 한다 하더라도, 그에게 주어진 사료(史料) 자체가 부정확하거나 왜곡되었을 가능성이 크기 때문이다. 그 때문에 어떤 역사가도 자신의 서술이 절대로 옳다고 주장할 수 없게 되는 것이다.

게다가 역사가 자신도 그가 살고 있는 현재(現在)의 우세한 입장으로부터 영향을 받게 된다. 그러므로 역사는 시대에 따라 계속 다시 해석되어야 하며, 따라서 모든 역사 서술은 상대적(相對的)인 가치만을 가지게 되는 것이다.

5. 상대주의 사관

역사학과 과학은 다를 수밖에

이 같은 상대주의와 현재주의의 입장에서 역사 해석을 주장한 역사가가 이탈리아의 크로체(Croce, Benedetto: 1866~1952)였다.

그는 인간 정신에 의해 이루어진 역사를 연구하는 방법은 자연 과학의 방법과는 다르다고 주장했다. 인간 정신은 자연 현상과는 달리 주관적일 수밖에 없기 때문이다.

게다가 역사가는 현재의 문제에 비추어 과거를 보기 때문에 '모든 역사는 현재의 역사'가 될 수밖에 없다는 것이다.

이러한 입장은 영국의 콜링우드(Collingwood, R.G.: 1889~1943)에 의해 계승되었다. 그에 따르면, 자연 과학의 연구 방법을 역사 연구에 적용하는 것이 불가능하다는 것이다. 왜냐하면 역사적 인물이나 역사적 사실은 생물체와는 달리 관찰(觀察)과 실험(實驗)의 대상이 될 수 없기 때문이다.

게다가 역사 연구에는 역사적 인물의 행위를 도덕적으로 평가한다는 윤리적인 문제가 따르기 때문이다.

그러므로 '모든 역사는 사상(思想)의 역사'가 되며 역사의 과정은 '사고(思考)의 과정'이 되므로, '사건의 과정'인 자연의 과정과는 다르게 된다는 것이다. 따라서 역사의 이해는 역사적 인물의 사상을 역사가가 자기 마음 속에서 재구성(再構成)할 때에 이루어진다는 것이다.

역사 연구에는 주관이 개입하게 마련

역사 지식이 역사가의 사고(思考)에 의해 다시 살아난 정신적 산물이라고 한다면, 과거의 모습은 현재의 역사가에 의해 달라지게 된다. 그 때문에 카(Carr, E.H.)는, "역사란 역사가와 과거의 사실이 끊임없이 서로 영향을 주는 과정이며, 따라서 현재와 과거 사이에 끊임없이 일어나는 대화"라고 정의했던 것이다.

이러한 상대주의적 역사 해석(歷史解釋)은 특히 20세기 초의 미국에서 크게 유행했다. 로빈슨(Robinson, James: 1863~1936)은 시대가 바뀌면 역사가의 관심도 달라져 역사는 항상 다시 쓰여져야 한다고 주장했다. 비어드(Beard, Charles: 1874~1948)는 역사를 객관적으로 쓸 수 있다는 랑케의 주장을 '고상한 몽상(夢想)'이라고 비웃었다. 그러고는 "역사가는 시대적 산물이며, 그의 저작은 그가 속해 있는 시대의 정신, 즉 국가·종족·집단·계급·당파의 입장을 반영하는 것"이라고 주장했다. 베커(Becker, Carl: 1873~1945)는 개인의 주관성을 강조한 나머지, "모든 사람은 자기 자신의 역사가"가 된다는 극단적인 표현까지 썼다.

이렇게 되면 역사에는 객관적인 지식은 없고 모든 해석이 나름대로 일리가 있다는 지적(知的) 허무주의에 빠지게 된다. 그렇게 되면 자기 입맛에 맞는 역사 해석을 내세워 정치적인 선전 도구로 사용해도 막을 도리가 없게 된다.

6. 철학자들의 역사 철학

역사를 전공하지 않은 철학자들의 역사관

직업적 역사가가 아닌 철학자들도 나름대로의 역사관을 제시했다. 그들은 철학 연구의 한 분야인 시간(時間)의 문제를 다루는 과정에서 역사의 방향(方向)에 대해 관심을 가지게 되었다.

그러나 그들의 역사관(歷史觀)은 구체적인 역사 연구에서 나온 것이 아니라 추상적인 논리(論理)의 전개에서 나온 결과였다. 그 때문에 그들의 역사관은 역사 철학으로 불린다.

역사 철학은 대체로 고대의 순환론적 역사관을 비판하고 나왔다. 즉, 그것은 인간의 역사가 봄, 여름, 가을, 겨울의 4계절이 반복되는 자연 현상과 같다고 보는 오래된 주장을 비판한 것이다. 그러고는 역사가 어떤 목표(目標)를 향해 일직선으로 진행한다는 진보 사관(進步史觀)을 내세웠다.

그러한 목적론적(目的論的) 진보 사관은 일찍이 5세기에 교부철학자인 아우구스티누스(Augustinus: 354~430)에 의해 처음 제시되었다. 당시 서로마 제국은 야만족인 게르만족의 공격으로 큰 혼란에 빠져 있었다. 그와 같은 절망(絶望)의 시기에 가톨릭 교회를 대변한 아우구스티누스는 기독교인들에게 역사의 방향을 알려 줌으로써 용기를 북돋워 주려고 했다.

그는 지금 '세속(世俗)의 나라'와 '신(神)의 나라'가 대립하고 있지만, 결국 역사는 '신의 나라'가 승리하는 방향으로 진행한다고 주장했다. 그에게 있어서 역사는 '신의 나라'를 향해 일직선으로 가는 진보의 과정이었던 것이다.

역사에 목표가 있다는 역사 철학자들

그러한 목적론적(目的論的)이고 직선적인 진보 사관(進步史觀)은 19기 초 독일의 관념주의(觀念主義) 철학자 헤겔에서 다시 나타났다. 그에게 있어서 역사는 자유(自由)라는 목표를 향해 가는 진보의 과정이었다.

헤겔에 따르면, 역사는 전제 군주 한 사람만이 자유로웠던 '동방 사회'로부터 시작하여, 소수의 귀족만이 자유로웠던 '그리스 · 로마 사회'를 거쳐, 모두에게 자유가 허용되는 기독교적인 '게르만 사회'

로 발전해 왔다는 것이다. 따라서 역사의 과정은 자유를 향한 행진이며, 그 끝은 자유의 완전한 실현이라는 것이었다.

마르크스의 유물론적(唯物論的) 역사관(유물사관)도 목적론적이고 직선적인 진보 사관이었다. 그는 인간의 역사가 생산 수단의 소유(所有) 형태에 따라 변화하는 과정으로 보고 그것에 입각해 이른바 역사의 5단계설을 제시했다.

즉, 인간의 역사는 소유(所有) 개념이 없던 '원시 공산 사회'에서 시작하여 고대의 '노예제 사회'로 바뀌었다가, 다시 중세의 '봉건 사회'에서 근대의 '자본주의 사회'로 발전해 왔다는 것이다. 그러고는 결국 소유의 개념이 사라지는 '공산주의 사회'에서 끝난다는 것이었다.

진보 사관과 순환 사관의 결합

진보 사관은 인간에게 진보의 개념을 일깨워 준 공로는 있었다. 그럼에도 불구하고 그것은 인간의 역사가 경우에 따라서는 진보도 하지만 퇴보도 하고 반복(순환)도 하는 다양하고 복잡한 과정이라는 사실을 놓치고 있었다.

그러한 결함의 보완책은 이들보다 훨씬 이전의 인물인 이탈리아의 역사 철학자 비코(Vico, Giambattista: 1668~1744)가 제시했다. 그에 따르면, 역사는 진보의 방향에서 일직선으로 진행하지만, 진보와 퇴보가 번갈아 일어나면서 앞으로 전진하는 달팽이 모양(나선형)을 보인다는 것이다.

그에 따르면, 인간의 역사는 사상적인 측면에서 3단계에 걸쳐 발전해 왔다는 것이다. 즉 그것은, 신앙(信仰)의 신정 정치(神政政治)가 지배하는 '신의 시대'로부터 시작하여 문학 정신(文學精神)의 귀족 정치가 지배하는 '영웅의 시대'를 거쳐, 이성(理性)의 입헌 군주제와 공화제가 지배하는 '인간의 시대'로 진보했다는 것이다.

비코에게 있어서, 마지막의 '인간의 시대'는 결국 신(神)으로부터 멀어지는 세속화(世俗化) 과정을 의미했다. 그 이후로 세속화 과정은 비코의 분석대로 근대화와 진보의 중요한 요소가 되었다.

7. 문명 사관

문명도 생명체처럼 쇠퇴하고 소멸한다

제1차 세계대전을 거치면서 국력을 크게 소모한 유럽인들은 서양 문명의 몰락(沒落)을 우려하기 시작했다. 그 대표적인 경우가 《서양의 몰락》을 쓴 독일의 슈펭글러(Spengler, Oswald: 1880~1936)였다.

그에 따르면, 한 문명(문명권)의 역사는 유기체(有機體)인 사람이 탄생, 성장, 쇠퇴, 소멸로 이어지는 순환(循環) 과정을 겪게 되는데, 지금 서유럽 문명은 쇠퇴의 단계에 이르렀다는 것이다. 그리고 그것은 늙으면 죽게 되는 인간처럼 소멸을 회피할 수 없다는 것이었다.

이것은 역사가 4계절의 반복처럼 되풀이된다고 생각했던 고대의 순환론적 역사관이 되살아난 것이었다. 그러한 역사관은 문명(문명권)을 역사 전개의 기본 단위로 본다는 점에서 '문명 사관' 또는 '문명의 순환론'으로 불리게 되었다.

'도전에 대한 응전'

순환론적 역사관은 《역사 연구》로 유명한 영국의 역사학자 토인비(Toynbee, Arnold: 1889~1975)에 의해 널리 알려졌다. 그에 따르면, 인류 역사에는 수많은 문명들이 나타났지만, 가혹한 환경을 이기지 못해 21개만 남았다가 지금은 7개만 남았다는 것이다(극동 문명, 인도 문명, 이슬람 문명, 비잔틴 문명, 남동유럽 문명, 러시아정교 문명, 근대 서양 문명).

토인비도 근대 서양 문명이 몰락기에 들어갔다고 생각했다. 그러나 토인비는 슈펭글러와는 달리 근대 서양 문명은 노력만 하면 다시 소생할 수 있다고 생각했다.

즉, 문명이 살아남기 위해서는 안팎의 도전(挑戰)에 대해 응전(應戰)에 성공하면 되는데, 서양 문명은 기독교의 도움으로 회생이 가능하다는 것이었다(나중에 그는 이 생각을 버렸다.). 응전에 성공하기 위해서는 대중이 '창조적 소수(Creative Minority)'를 자발적으로 모방하고 따르면 된다는 것이다.

그러한 점에서 '문명 사관'은 한 문명(사회)이 살아남기 위해서 어떤 생존 전략(生存戰略)을 세워야 하는가 하는 문제에 대해 사람들이 심각하게 생각하도록 만드는 유익한 역사관이었다.

8. 포스트모더니즘의 역사관

근대 서양 문명을 찬양해 온 모더니즘

오늘날 인류의 역사는 시간적으로 고대, 중세, 근대(현대 포함)로 나뉘고 있다. 세 시대 가운데서도 서양의 '근대(近代)'가 가장 중요하게 생각된다. 그 시대에는 산업 혁명이 일어나 물질적 풍요를 가져오고, 자유주의 혁명이 일어나 민주적인 제도들을 탄생시켰기 때문이다.

그 때문에 세계의 다른 지역들은 '근대화(modernization)'의 이름 밑에서 근대 서양 문명을 모방하려고 했다. 그들이 배우려는 '근대'의 내용은 과학 기술, 자본주의, 자유주의, 민주 제도, 부르주아적 가치관 등이었다.

그러므로 '근대화'가 이루어지게 되면 역사는 더 이상 발전할 곳이 없는 '역사의 끝'이 된다는 주장이 나오게 되었다. 그러한 역사관을 표현한 것이 1989년 미국의 후쿠야마(Fukuyama, Francis: 1952~)가 쓴 《역사의 종말》이었다.

그에 따르면, 서양의 근대 사회가 내놓은 과학 기술, 자본주의 경제, 의회 제도는 지금까지 인간이 도달한 최고 수준의 결실이었다는 것이다. 따라서 '근대적'인 것은 좋은 것이며, 인류가 실현해야 할 역사의 목표라는 것이다.

'근대적인 것'을 거부한 신좌파

그러나 1960년대에 이르면서 유럽과 미국의 급진파인 '신좌파'(the New Left)는 '근대적인' 것들의 성과(成果)를 부정하기 시작했다. 그들은 근대 서양 문명의 기성(旣成) 체제를 무너뜨리려는 혁명가(革命家)들이었다.

그들의 사상은 '근대적인 것'으로부터 벗어나려 했다는 점에서 탈(脫)근대주의(post-modernism)로 불렸다. 그들은 프랑스의 데리다(Derrida, Jacques), 푸코(Foucault, Michel)와 같은 좌파 지식인들의 영향을 받았다.

'포스트모더니즘'은 근대 서양 문명이 모든 사회악의 근원이 된다는 이유로 타도할 것을 주장했다. 그 때문에 그것은 해체주의(deconstructionism)로 불리었다.

그들에게 있어서 해체(解體)되어야 할 것은 부르주아 계급과 남성들이 지배하는 근대 사회였다. 그것을 해체하고 나면, 지금까지 짓눌려 온 사회적 약자(弱者)들이 자신들의 가치를 자유롭게 표현하는 다양성(多樣性)의 사회가 온다는 것이다.

그러한 사상에 토대를 둔 '포스트모던'의 역사학은 역사의 주류

(主流)에 속하지 못했던 평범한 사람들의 역할을 강조했다. 따라서 그것은 지금까지 역사학의 관심거리가 되지 못했던 개인적이고 지방적인 사건들을 연구 대상으로 삼는 '미시사(微視史)'와 '일상사(日常史)'를 강조하게 되었다.

그러므로 '포스트모던'의 역사학은 역사 연구의 중심축을 소수(少數)의 권력 중심으로부터 다수(多數)의 권력 '변두리'로 옮기려고 했다. 바꾸어 말하면, 그것은 '힘 있는 자'와 '힘 없는 자'의 싸움에서 승자가 아닌 패배자(敗北者)의 관점에서 역사를 보려고 했다. 그러한 점에서 '포스트모던'의 역사학은 정치적으로 좌파의 입장에 서게 되었다.

역사적 상대주의의 부활

이것은 '포스트모더니즘'의 역사학이 20세기 초에 유행했던 상대주의와 현재주의의 역사학으로 되돌아가고 있음을 의미한다. 따라서 그것 역시 이것도 옳고 저것도 옳다는 식의 지적(知的) 무정부 상태를 가져올 위험성이 있는 것이다.

그러한 역사학을 대표하는 코넬대학교의 라카프라(LaCapra, Dominick) 교수는 이전의 상대주의자들처럼 객관적인 역사를 쓰는 것이 불가능하다고 주장했다. 왜냐하면 사료(史料)는 그것을 남긴 필자의 언어(言語), 즉 주관(主觀)으로 이루어져 있어 진정한 과거의 모습을 알 수 없기 때문이라는 것이다.

또한 그는 지금까지 잊혀져 왔던 사회적 약자들인 빈민, 흑인, 인디언, 여성, 동성애자들의 입장을 인정하는 다양성(多樣性)의 역사관을 주장했다.

그러나 '포스트모더니즘'의 역사학은 기존의 역사학을 해체시킬 것을 주장하면서도, 그것이 무너진 자리에 어떤 역사학을 새로 세울 것인지는 회답을 제시하지 못하고 있다.

그나마 다행스러운 것은 포스트모더니즘의 역사학이 역사 속에서 거창한 법칙(法則)을 발견하려는 역사 철학에는 빠지지 않고 있다는 사실이다.

그 대신 포스트모더니즘의 역사학은 과거의 일을 흥미롭게 이야기로 풀어 나갈 것을 주장하고 있다. 그것은 역사학을 과학(科學)으로 보기보다는 예술(藝術), 즉 '이야기하기(storytelling)'로 보고 있기 때문이다.

9. 중국인의 역사관

판단 기준은 정통성이라는 대의명분

고대 중국에서도 고대 서양에서와 마찬가지로 역사를 봄, 여름, 가을, 겨울의 4계절이 반복되는 것으로 보는 순환(循環) 사관이 지배했다. 그것은 인간이 아득한 옛날 요·순(堯舜) 임금의 황금시대(黃金時代)로부터 계속 퇴보해 간다고 보는 역사관이었다. 따라서 개혁이나 혁명은 과거의 황금시대로 되돌아가는 복고적인 것을 의미했다.

시간이 흐르면서 여기에 대의명분(大義名分)을 중요시하는 유교(儒敎)의 역사관이 덧붙여졌다. 그것은 공자(孔子: B.C.551~B.C.479)가 쓴 역사책《춘추(春秋)》에서 나타나기 시작했다.

《춘추》에서 공자가 통치(統治)의 문제에서 가장 중요하게 생각했던 것은 정통성(正統性)이었다. 공자는 통치자들을 정통성을 가진 통치자와 정통성을 갖지 못한 통치자로 구분했는데, 그것은 옳은 것〔正〕과 그른 것〔邪〕, 착한 것〔善〕과 나쁜 것〔惡〕을 구분하기 위한 것이었다.

그것은 역사에 대한 도덕적(道德的)인 평가로서, 흔히 '춘추필법'(春秋筆法)으로 알려지게 되었다. 그 목적은 대중에게 명확한 도덕적 판단 기준(判斷基準)을 제시함으로써 사회 질서를 유지하려는 것이었다.

서양과는 달리 중국에서는 역사책이 갖추어야 할 일정한 형식(形式)이 형성되었다. 공자는 《춘추》에서 역사적 사실들을 연도, 계절, 월, 일을 기준으로 분류했는데, 그러한 역사 서술 방법은 편년체(編年體)로 불리게 되었다.

그 뒤를 이은 사마천(司馬遷: ?B.C.145~?B.C.86)의 《사기(史記)》에서 나타난 역사 서술 방법은 기전체(紀傳體)였다. 그것은 왕조(王朝)의 변천을 연대순으로 쓴 기(紀), 인물들을 다룬 전(傳), 문화와 제도를 다룬 서(書), 연표인 표(表)로 이루어졌다.

기전체는 역사학과 전기학(傳記學)을 결합시킨 역사 서술 방식으로서, 나중에 정사(正史)를 편찬하는 표준이 되었다.

정치 권력이 역사학을 독점

중국 역사학의 또 다른 특징은 역사 서술 사업을 정치권력이 장악했다는 것이다. 그것은 집권자인 황제 중심의 역사를 쓰도록 제도화한 것으로서, 남북조 시대에 시작되었다.

그것은 황제가 죽을 때마다 국가가 역사서(歷史書)를 편찬할 사관(史館)을 설치해 그에 대한 기록을 실록(實錄)으로 남기도록 한 제도였다. 국가가 공식적으로 편찬한 역사라는 뜻에서 그것에는 정사(正史)라는 이름이 붙여졌다.

실록은 당(唐)나라부터 나타나기 시작했다. 그러나 그것으로 역사의 집필이 권력자(權力者)의 손에 독점됨으로써 개인 역사가의 역사 서술은 크게 제약을 받게 되었다.

여기에 덧붙여 역사의 객관적 서술을 막는 또 하나의 장애물이 생겨났는데, 그것은 송(宋)나라 때 사상계(思想界)를 지배하게 된 주자학(朱子學)이었다. 그에 따라 역사학은 도덕 철학(道德哲學), 즉 경학(經學)에 완전히 종속하게 되었다. 경학은 다섯 가지의 경서인 《시경(詩經)》, 《역경(易經)》, 《서경(書經)》, 《예기(禮記)》, 《춘추(春秋)》로 이루어졌다.

주자학의 대변자인 주희(朱熹: 1130~1200)는 역사를 거울로 삼아 현세를 징계하고 군주를 올바른 길로 가르쳐야 한다는 생각에서 정통성(正統性)을 강조했다. 그에 따라 중국의 역사학에서는 정통성이란 대의명분(大義名分)에 입각해서 도덕적인 평가를 내리는 것이 중요하게 되었다.

제3장 개인의 관점에서 보는 역사

인간은 오랫동안 사회 전체의 복리를 앞세우는 공동체주의(共同體主義) 사상에 익숙해 왔다. 그 때문에 근대 유럽에서 개인주의(個人主義) 철학이 나타났을 때 사람들은 낯설어 했고 반발했다. 그러나 그것은 그후 경제적으로는 자본주의(資本主義), 정치적으로는 자유주의(自由主義)의 형태로 널리 퍼져 나갔다.

1. 자본주의의 역사관

자본주의의 토대는 개인주의적 생활 방식

개인주의(individualism) 철학은 한 개인이 어떻게 자기를 실현하고 외부의 위험으로부터 자기를 지키는가 하는 문제를 스스로 해결해야 한다는 생각이다. 즉, 모든 개인은 그가 적합하다고 생각하는 방법대로 자신의 필요를 충족시키고 그것에 대해 책임을 져야 한다는 생각이다.

그러한 개인주의의 경제적(經濟的) 표현이 바로 자본주의(資本主義)이다. 자본주의는 필요한 것을 차지하려는 인간의 획득 본능을 당연한 것으로 본다. 인간은 결핍(缺乏)과 위험(危險)에 대비해 더 많은 물질을 확보해 두려는 본능이 있는데, 이것이 인간 생활의 원동력이 된다는 것이다.

자본주의는 인간의 경쟁 본능도 당연하게 생각한다. 인간은 재물의 획득을 성공의 기준으로 보고 재산을 획득하려고 하는데, 이것이 자기 성취의 원동력이다. 그러한 개인들의 성공을 모으면 사회 전체의 번영이 된다는 것이다.

이와 같은 개인주의적인 생활 방식(way of life)이 두드러진 사회 현상으로 나타나기 시작한 것은 16세기 유럽이었다. 당시 그것은 아주 낯선 것이었다. 왜냐하면 그때까지 대부분의 인간은 사회적 책임을 강조하는 공동체주의(communitarianism)적인 생활 방식에 젖어 살아왔기 때문이다.

이해관계를 조정한다는 자유 시장

자본주의 이론은 영국의 애덤 스미스(Smith, Adam: 1723~1790) 등에 의해 체계화되기 시작했다.

이들 고전 경제학자들은 인간이 탐욕적이고 경쟁적이긴 하지만 궁극적으로는 자연적인 조화(調和)를 이루어 사회의 진보(progress)를 달성할 수 있다고 믿었다. 공급과 수요를 같게 만드는 시장(市場)의 힘 때문에 가장 좋은 물건이 가장 적은 비용으로 생산되는 유익한 결과를 가져온다는 것이다.

경쟁에서 이기기 위해 모든 판매자는 가장 싸게 팔고, 모든 구매자는 가장 싸게 사려 한다. 하지만 어느 누구도 자기 마음대로 가격을 결정하지 못하기 때문에, 모든 당사자들은 타협안인 시장 가격(市場價格)을 받아들이게 된다는 것이다.

자유방임의 결실은 '자유와 번영'

그러한 타협이 일어나는 과정은 어느 누구의 개입도 없는 비(非)인격적인 것이다. 그 과정 전체도 사적(私的)으로 이루어지기 때문에 강제성(强制性)도 거의 없다. 그러한 자유 시장 제도가 가져다 준 것은 '자유와 번영', 즉 높은 생활 수준이었다.

그 체제에 대한 자부심은 1965년 미국 상무부 홍보 책자에 다음
과 같이 나타나 있다. "미국은 세계 인구의 6%만을 가지고 세계 영
토의 7%만을 차지하지만, 자유 세계의 물품과 서비스의 40% 이상
을 생산하고 소비하고 있다."

시장의 좋은 기능은 스스로 발휘되는 것이므로, 정부(政府)는 외
부의 인위적(人爲的)인 힘들이 시장에 개입하지 못하도록 자유방임
(laissez-faire) 정책을 유지해야 한다는 것이었다.

따라서 정부는 기업 활동이 정상적으로 이루어지도록 치안(治安)
을 잘 유지하는 정도로 권한이 축소되어야 했다. 무엇보다도 정부
는 채무 이행을 확실하게 함으로써 개인의 재산권(財産權)을 지켜
주어야 한다는 것이었다.

2. 자유주의의 역사관

정부에 대한 개인의 두려움

개인주의적 생활 방식이 경제적인 측면에서 구현된 것이 자본주
의(資本主義) 체제라고 한다면, 그것이 정치적인 측면에서 구현된
것이 자유주의(自由主義, Liberalism) 체제였다.

자유주의 이데올로기는 프랑스 혁명이 휩쓸고 지나간 직후인 19
세기 초의 유럽에서 나타나기 시작했다. 그것은 개인의 자유와 자
기실현을 최고의 가치로 내세우는 이데올로기였기 때문에 부르주
아 계급의 이해관계에 잘 맞았다. 그것은 영국의 자유당에 의해 강
하게 표명되었다.

자유주의 이데올로기의 체계화는 17세기 영국의 로크(Locke,
John: 1632~1704)에서 시작되었다. 로크는 귀족과 농민 사이에
있는 중간 계급(Middle Classes), 즉 도시의 상인, 금융가, 기업가

의 입장을 대변했다. 그들의 재산권은 국왕과 귀족에 의해 항상 침해될 위험에 있었기 때문에 로크의 자유주의는 정부를 약화(弱化)시키려 했던 것이다.

로크는 자신의 주장을 설명하기 위해 아득한 옛날 인간이 자연 상태에 놓였을 때를 생각했다. 그때 모든 개인은 자유롭고 평등했고, 생명, 자유, 재산, 평등과 같은 자연적 권리〔自然權〕를 가지고 있었다. 그러한 권리들은 모든 개인이 태어나는 순간에 자연(自然)으로부터 부여받았다는 것이다.

로크에 따르면, 그러한 자연적인 권러들을 보다 더 잘 지키기 위해 정부(政府)가 세워졌는데, 가장 중요한 권리는 재산(財産)에 대한 권리였다. 왜냐하면 각 개인에게 자주성(自主性)을 주는 것은 재산이기 때문이다.

그러므로 이들 고전적인 자유주의자들은 재산권(財産權)과 평등권(平等權)이 서로 대립할 경우에는 언제나 재산권을 앞세웠다.

민주주의는 선거를 통해 유지되는 '정치 시장'

시간이 흐르면서 자유주의 이데올로기에 대해 재산이 없는 대중(大衆)이 불만을 가지게 되었다. 그에 따라 대중은 의회(議會)를 통해서라도 정부의 정책 수립에 참여하려 했다.

그러한 대중의 요구는 참정권(參政權) 운동으로 나타났다. 그에 따라 자유주의 이데올로기는 민주주의 제도와 결합해 자유 민주주의(Liberal Democracy)를 형성하게 되었다.

자유 민주주의는 자본주의 경제와 결합되어 있었기 때문에 정치 활동을 정치 시장(political market)의 문제로 보았다. 즉, 정치는 흥정을 통해 정책 교환이 이루어지는 자유 시장(free market)으로 본 것이다.

정치 시장에서 정치가들은 선거에서 많은 표를 얻기 위해 정책(政策)이라는 상품을 소비자인 유권자들에게 내놓는다. 그러면 유권자들은 구매력(購買力)인 투표권(投票權)을 행사한다. 그러므로 개인들의 투표 행위는 표(票)를 주고 자기들이 원하는 후보와 정책을 사는 수단이 된다는 것이었다.

자유 민주주의의 필수 조건

자유 민주주의 체제가 유지되기 위해서는 몇 가지 조건이 갖추어져야 했다.

우선 모든 개인이 자기의 요구를 표현할 수 있도록 민권(民權)이 보장되어야 했다. 민권은 언론의 자유, 출판의 자유, 결사(結社)의 자유와 같은 기본권을 의미했다.

또한 경쟁적으로 대안(代案)을 제시하는 복수의 정당(政黨)들이 있어야 했다. 그리고 개인들의 다양한 이해관계를 대변하는 자발적인 단체들이 있어야 했다.

따라서 민주 정치는 다원주의(多元主義, pluralism)의 정치였다. 그것은 이익 집단(利益集團)들이 서로 견제하고 정부에 대해 압력을 넣는 과정이었다. 그렇게 되면 정치는 경쟁적인 집단들이 흥정을 벌이는 시장이 되고, 정치의 역할은 대립되는 요구들을 조정해 정책으로 옮기는 절차가 되는 것이다.

3. 현대 자유주의의 역사관

대공황으로 발생한 자유방임 체제의 위기

자유민주주의(자유자본주의) 체제는 1929년 미국의 대공황(大恐慌)을 계기로 큰 위기를 맞았다. 시장 기능이 제대로 작동하지 않아

실업자들이 넘쳐 났기 때문이다. 그에 따라 그 체제에 대한 신념은 흔들리게 되었다.

고전적인 자본주의와 자유주의의 이론에 따르면, 불행에 빠진 사람들은 스스로 일어나야 하고, 자유방임(自由放任) 정책은 계속되어야 했다. 그러므로 대공황 당시의 공화당 대통령인 후버(Hoover, Herbert : 1874~1964)는 경기가 자연적으로 회복될 것을 믿고 기다렸다.

그러나 분배 장치로서의 시장(市場)의 기능이 실패한 것은 확실했기 때문에 실업자를 돕기 위해 정부가 나서서 무엇인가 해야 한다는 주장이 커지게 되었다. 그에 따라 나타나게 된 것이 루스벨트(Roosevelt, Fanklin : 1882~1945) 민주당 대통령의 뉴딜(New Deal) 정책이었다.

정부 간섭주의를 받아들인 뉴딜 자유주의

1930년대 미국 민주당 정부의 뉴딜 정책은 공산주의 국가인 소련의 정부 개입(政府介入) 개념을 자본주의 체제에 도입함으로써 경제 위기를 해결하려는 것이었다.

이와 같은 혼합(混合) 경제를 주장한 대표적인 경제학자가 영국의 케인스(Keynes, John : 1883~1946)였다. 경제가 불황에 빠지면 정부는 일자리를 만들기 위해 돈을 꾸어다가라도 공공사업(公共事業)에 투자해야 한다는 것이 그의 주장이었다.

케인스의 이론에 따라 루스벨트 행정부는 테네시계곡개발공사(TVA)를 세워 거대한 토목 공사를 하는 등의 공공사업을 벌였다. 그와 동시에 정부는 개인의 기여금에 정부 지원금을 보태 사회 보장(社會保障) 제도를 운영했다.

이와 같은 자유방임적 자본주의의 수정은 시장의 가혹한 면을 크

게 완화시켰다. 그 결과로 자본주의 체제는 마르크스주의자들의 예
측과는 달리 무너지지 않게 되었다.

그렇게 해서 형성된 새로운 이념은 뉴딜 자유주의(New Deal
liberalism)로 불리게 되었다. 그것은 자유방임의 고전적인 자유주
의와는 달리 진보적(進步的)인 의미를 가지게 되었기 때문에 '뉴딜
진보주의'로도 불리게 되었다.

개혁 이념으로서의 자유주의

그러나 모든 변화는 개혁(改革)의 방법으로 이루어져야 한다는
것이 뉴딜 자유주의자(진보주의자)들의 주장이었다.

따라서 그들은 한꺼번에 모든 문제들을 해결하려는 급진적인 방
법의 혁명을 거부하고, 구체적인 문제들을 하나씩 해결해 나가는
점진적인 방법의 개혁을 주장했다.

그것은 작은 변화라 할지라도 계속 쌓이게 되면 결국은 의미 있
는 성과가 나타날 것이라는 주장이었다. 카우프만(Kaufman,
Arnold)에 따르면, '반쪽의 빵'을 많이 모으는 것이 전체 덩어리 한
개를 얻는 것보다 낫다는 것이었다.

그래서 뉴딜 자유주의자(진보주의자)들은 소비자를 보호하고 부
자에 대한 세금을 올리기 위해 납세 제도(納稅制度)를 개선하는 개
혁에 집중했다.

그러므로 자유주의자(진보주의자)들은 절대적(絕對的), 극단적
(極端的)인 것들을 고집하는 이념가(ideologue)들을 경멸했다. 그
러한 의미에서 소련의 공산주의 체제는 미국의 가장 큰 적(敵)이었
다. 공산주의 체제는 개인을 전체에 종속시키는 전체주의적(全體主
義的)인 것이기 때문이다.

그 때문에 미국의 자유주의자(진보주의자)들은 소련이나 중공

(중국)의 팽창과 제3세계의 혁명 운동을 막으려는 반공(反共)의 입장을 보였다. 1950년대에 트루먼의 민주당 정부가 한국 전쟁 (6 · 25 전쟁)에 개입하고 1960년대에 케네디의 민주당 정부가 베트남 전쟁에 개입했던 것은 바로 이와 같은 이유에서였다.

법 제도와 절차를 통한 개혁

점진주의자들에게는 변화를 가져오기 위해 기존(旣存)의 장치들을 활용하는 것이 중요했다. 그러므로 뉴딜 자유주의자(진보주의자)들은 법 제도(法制度)를 통한 개혁을 좋아했다. 그들은 법치주의(法治主義) 원리에 따라 공정한 절차를 밟기만 하면 극단적인 갈등을 회피할 수 있다고 생각했다.

그래서 그들은 개인적 권리를 실현하는 수단으로서 법원(法院)의 역할을 중요시했다. 그들은 진보좌파적인 판사들의 도움으로 소비자 권리를 확대하고, 환경을 보전하고, 낙태를 허용하고, 인종 차별을 금지하는 데 성공했다.

그래도 문제는 여전히 남게 된다. 왜냐하면 법 제도와 그 절차도 결국 권력을 쥔 사람들이 만들고 있기 때문이다. 권력을 쥔 사람들도 가치(價値)와 편견(偏見)을 가지고 있기 때문에 법 제도와 절차도 그것으로부터 벗어나기 어려웠던 것이다.

진보파로 불리게 된 현대 자유주의자들

그럼에도 불구하고 뉴딜 자유주의(진보주의)는 지금까지 주류(主流)에 끼지 못하는 사회적 약자(弱者)들을 배려하려고 했다. 그 점에서 그것은 개혁적이고 진보적인 것이었다.

그 때문에 그것은 루스벨트 이후로 지금까지 미국 민주당의 기본 이념이 되고 있다. 그것은 이제 '뉴딜'을 뗀 자유주의(liberalism)로 불리면서 진보주의의 의미로 사용되고 있다. 그에 따라 그것에 맞서는 자유방임적 자유주의는 보수주의(conservatism)로 불리게 되었다.

오늘날 미국에서 진보주의자(뉴딜 자유주의자)들은 보수주의자(자유방임적 자유주의자)들과 마찬가지로 자본주의 체제를 근본적으로 지지하고 있다. 그러면서도 그들은 재산권보다 평등권을 더 강조한다는 점에서 보수주의자들과 다르다.

그들이 말하는 평등은 권력의 분산과 부(富)의 분배, 그리고 인권(人權)을 의미했다. 그것을 실현하려는 과정에서 그들은 좌파들과도 협력하게 되어 진보좌파 연합(the liberal-leftist coalition)을 형성하게 되었다.

그것에 맞서는 공화당 중심의 보수우파 연합(the conservative-rightist coalition)은 자유로운 기업 활동을 포함한 개인적인 자유(自由)를 보장할 자유방임(自由放任) 체제를 유지하려고 한다. 그러한 미국의 전통적인 체제야말로 '자유와 번영'이라는 최고의 혜택을 가져다준다는 주장이었다.

진보좌파 세력과 보수우파 세력은 가치들의 우선순위(優先順位)를 놓고 갈등을 벌인다. 그러면서도 그들은 모두 기존의 자유주의적이고 자본주의적인 체제에 대해서는 대체로 합의하고 있다. 특히 대외 정책의 방향에 대해서는 사실상 일치하고 있다.

제4장 집단의 관점에서 보는 역사

인간 사회에서는 개인(個人)들의 이기심을 억누르고 전체(全體)의 이익을 앞세워야 한다는 집단주의, 공동체주의, 전체주의의 사상이 언제나 우세했다. 그리고 그러한 사상을 빨리 구현하기 위해서는 혁명(革命)이 필요하다는 생각도 언제나 강했다.

1. 약소국 민족주의의 역사관

피압박 민족의 염원인 국민 국가

민족주의(nationalism)는 민족 전체를 하나의 국가 속에 통합한 국민 국가(nation-state)를 건설하고 유지하는 것을 최대의 목표로 삼는 이념이다. 또한 그것은 개인의 운명이 민족 전체의 운명에 의해 결정된다고 느끼는 감정이다.

여기서 민족은 공통된 언어, 공통된 혈통, 공통된 과거, 공통된 생활 방식을 가지는 생활 공동체를 의미한다.

민족 감정은 아주 오래전부터 있어 왔지만, 오늘날과 같은 근대적인 민족주의 이데올로기는 1789년의 프랑스 혁명 이후 유럽에서 본격적으로 등장했다.

그것은 1919년에 제1차 세계대전이 끝난 후에 미국 대통령 윌슨(Wilson, Woodrow)이 민족 자결주의를 선포함으로써 전 세계로 확산되기 시작했다. 그리고 그것은 1945년에 제2차 세계대전이 끝난 후 아시아와 아프리카에서 반(反)식민주의 운동이 일어나면서 그 절정에 이르렀다.

피압박(被壓迫) 민족의 독립은 대체로 지배국(支配國)에 대한 저항을 통해 이루어지는 것이 보통이므로, 민족주의는 혁명(革命)이나 전쟁(戰爭)과 관련지어 생각된다. 따라서 민족주의는 반(反)제국주의, 반(反)식민주의와 같은 의미로 사용되면서 강대국에서는 환영받지 못하고 있다.

감성적 민족주의

민족주의는 민족의 단결을 최대 목표로 삼기 때문에 다른 어떤 이념보다도 인간의 감정적인 측면을 강조한다. 그래서 가장 흔하게 나타나는 현상이 자기 민족의 우수성을 강조하고 민족의 구심점이 될 영웅들을 찬양하는 것이다. 그것은 흔히 '민족주의 역사학(민족사학)'의 이름으로 이루어진다.

민족이 독립을 찾아 국민 국가를 갖게 되는 단계에 이르면, 민족주의자들은 국기, 애국가 같은 상징물(symbols)을 통해 개인들이 국가에 대한 소속감(所屬感)을 느끼도록 유도한다. 그리고 국가 이익과 공동체 의식을 강조함으로써 국가나 국민 전체의 이익을 위해 자신을 희생하는 애국심을 갖도록 유도한다.

신생국의 긴급한 과제는 국민 통합

독립 국가를 건설한 후에 민족주의자들은 신생국의 안정(安定)에 필요한 국민적 일체감을 형성하기 위해 국가주의를 강조한다.

그러나 과거부터 내려오는 여러 개의 충성(忠誠) 대상 때문에 국민적 결속을 이룩하기가 쉽지 않다. 예를 들면, 1960년대에 나타난 아프리카의 많은 신생국 국민들은 국가에 대한 충성심보다 자기 부족(部族)에 대한 충성심이 더 강했다. 식민지 시대에 유럽 지배자들이 제멋대로 그어 놓은 영토 분할선이 그대로 신생국의 국경선(國境線)이 되었기 때문이다.

따라서 신생국의 국민이 알고 있는 것은 각 부족의 전통뿐이었다. 그들에게는 국민으로서의 공통된 과거에 대한 기억과 공통된 생활 방식에 대한 자부심이 전혀 없었다.

그러한 사실은 1990년대까지 계속된 콩고, 소말리아, 르완다 등의 혹독한 내전(內戰)과 그에 따른 잔인한 학살에서 나타났다. 그렇게 된 데는 신생국의 새로 그어진 국경선이 오랜 부족들의 경계선과 일치하지 않은 사실도 원인이 된다.

이와 같은 충성심의 분산(分散)은 고대부터 오랫동안 독립 국가를 유지해 온 한반도(韓半島)에서도 나타나고 있다. 그것은 남북 대결을 비롯한 여러 종류의 지역적(地域的) 갈등의 형태로 남아 있는 것이다.

옛 지배국과의 관계가 끊어진 경우

식민지가 독립하는 방법에는 급진적인 혁명(革命)과 점진적인 개혁(改革)의 두 가지가 있다. 그것들은 그 나름대로 장단점을 가지고 있다.

혁명을 통한 독립은 국가 공동체 의식(共同體意識)을 일깨움으로써 국민을 보다 빠르게 결집시킬 수 있다. 하지만 그것은 식민 시대로부터 내려오는 옛 지배국과의 관계를 파괴함으로써 독립 후에 국가 건설과 경제 재건에 필요한 자산을 잃게 한다. 따라서 혁명에 의한 국가 독립은 민족적 정체성을 빨리 형성하는 데는 좋지만, 경제적 독립의 기회를 늦추게 할 수도 있다.

식민지는 싫든 좋든 경제를 비롯한 모든 분야에서 이전의 지배국과 긴밀히 얽혀 있을 수밖에 없다. 그런데 독립은 그러한 관계를 끊

는 것이므로 옛 지배국과의 관계가 단절(斷絕)된다는 것은 신생국
(新生國)에게는 대혼란을 의미한다.

그러므로 그러한 충격을 완화하기 위해서 신생국은 옛 지배국과
의 관계를 일정 기간 지속하는 것이 좋다. 하지만 민족 감정 때문에
쉬운 것이 아니다.

옛 지배국과의 관계가 이어진 경우

반면에 점진적인 개혁(改革)을 통해 이루어지는 국가 독립은 옛
지배국과의 경제적 관계가 유지되어 신생국의 경제 발전에 도움이
될 수도 있다. 그러나 그 경우에 이전의 지배국이 과거의 영향력(影
響力)을 계속 행사하려는 신(新)식민주의가 부활될 위험이 있다. 두
나라의 교역에서 신생국은 값비싼 공산품을 수입하고 값싼 원자재
를 판매하게 되는 경우가 많기 때문이다.

그것은 신생국의 입장에서 보면 착취이기 때문에 민족주의적인
감정을 일으킬 위험이 있다. 제2차 세계대전 이후 아시아와 아프
리카, 중동 지역에서 일어난 국제 분쟁은 신생국의 배타적 민족주
의와 옛 지배국의 신식민주의에 원인이었다.

따라서 현대 민족주의는 신생국들이 자신의 정체성과 자주성을
어느 정도 지키면서도 이전의 지배국들과의 관계를 유지해 근대화
(modernization)를 계속해야 한다는 과제를 안고 있다.

2. 강대국 민족주의의 역사관

파시즘과 나치즘

제2차 세계대전을 경험한 세대는 파시즘(Fascism)과 나치즘
(Nazism, National Socialism)이라는 단어에서 잔인한 모습을 떠

올린다. 그래서 좌익들은 보수적인 정치적 시각을 가진 사람들을 나쁘게 묘사하고자 할 때 파시스트로 부르는 경우가 많다. 그러나 그러한 말을 사용하기 위해서는 그것이 가지고 있는 정확한 의미부터 알아야 한다.

파시즘은 이탈리아의 무솔리니(Mussolini, Benito), 나치즘은 독일의 히틀러(Hitler, Adolf)로 각각 대변된다. 그러나 두 단어는 사실상 같은 의미를 갖기 때문에 보통 파시즘이란 말로 통일해 사용되고 있다.

파시즘은 제2차 세계대전이 끝나면서 대체로 사라졌다. 그럼에도 불구하고 그것은 에스파냐와 포르투갈에서 1970년대까지 계속되었다. 그리고 남아메리카와 아프리카 몇몇 국가에서는 지금까지도 지속되고 있다. 공산주의 국가인 북한도 실제로는 파시즘의 특징을 강하게 드러내고 있다.

파시즘의 본질은 민족 지상주의

파시즘 사상의 기본 요소는 과격한 민족주의이다. 독일에서 나치들은 민족보다 인종을 더 자주 썼기 때문에 민족주의는 인종주의(人種主義)와 같은 의미로 사용되었다.

파시스트들의 주장에 따르면, 민족은 하나의 유기체(생명체)이고 개인들은 그것의 부분인 세포들이라는 것이다. 따라서 세포가 몸통에서 떨어져 나가 살 수 없듯이, 개인도 전체인 민족을 떠나서는 살 수가 없다는 것이다.

민족주의와 인종주의 이론은 생존 경쟁에서 우수한 인종이나 민족만이 살아남게 된다는 사회 진화론(Social Darwinism)의 뒷받침을 받았다. 사회 진화론은 다윈(Darwin, Charles)의 〈종의 기원(1859)〉에 근거한 주장이었다.

인종주의로 왜곡된 민족주의

사회 진화론에 따르면, 생명체들은 적자생존(適者生存)의 자연 법칙을 통해 진화한다는 것, 그리고 그러한 법칙은 인종들 사이에도 적용된다는 것이었다.

독일의 인종주의자들에 따르면, 아리안, 노르만, 게르만과 같은 인종들이 다른 인종들을 지배해 온 것은 모두를 위해 옳은 일이었다는 것이었다. 왜냐하면 힘의 논리에 따라 우수한 인종만이 살아남는 것이 진리이기 때문이다.

나치 인종주의자들에 따르면, 독일인은 서양 문명의 최고 문화유산(文化遺産)을 이어받은 민족으로서, 지배 인종인 아리안족의 대변자라는 것이었다. 실제로 인종의 우월성과 열등성을 토대로 국제 사회의 계층 분화(階層分化)가 이루어지는데, 그것은 모든 인종을 위해 좋은 질서라는 것이었다.

이와 같은 인종주의 체제를 유지하기 위해서 국가는 결혼과 가족 제도(家族制度)를 통제하는 등의 방법으로 적극적으로 행동해야 한다는 것이 나치들의 생각이었다. 이런 이유에서 나치 정권은 순수한 혈통(血統)의 독일 여성에게 아이를 많이 낳도록 독려(督勵)하고, 독일인과 비(非)독일인의 결혼을 금지했다.

국가 지상주의와 수령 이론

나치즘에 따르면, 민족과 인종의 특성을 구현하고 있는 실체가 국가(國家)라는 것이었다. 국가는 잠시 살다가 사라지는 개인들과는 달리 세대를 초월해 계속 존재하는 생명체라는 것이었다.

국가는 민족 사회 전체의 계속성(繼續性)을 상징하며 민족 공동체의 삶이 개인의 삶보다 훨씬 더 중요하다는 것을 보여 준다는 것이었다. 따라서 국가는 민족적 양심이 무엇인지를 보여 줌으로써 국민을 단결시키고 강하게 만든다는 것이었다.

그러나 국가가 그와 같은 사명을 달성하기 위해서는 위대한 지도자(指導者)가 필요하다는 것이었다. 그 지도자는 민족의 의지와 소망이 무엇인지, 그리고 그것을 어떻게 구현해야 하는지를 아는 초인(超人)이라는 것이었다.

그러나 그 지도자는 단순히 인기를 얻기 위해 민중에게 아첨하고 민중의 의지를 따라가는 선동가(煽動家)가 아니다. 그는 민족을 대표해 그가 아는 대로의 민족의 소망을 실현하기 위해 민중을 이끌고 가는 영도자(領導者)라는 것이었다.

그래서 나치 독일에서 히틀러는 총통(Fuerer)이라고 불리고, 파시스트 이탈리아에서 무솔리니는 두령(duce)이라고 불렸다. 공산국가인 소련에서도 스탈린은 수령(Vozhd)이라고 불렸다.

일당 독재 체제

그러한 지도자의 통치 체제가 확립되기 위해서는 모든 권력이 그에게 집중되고, 모든 구성원이 그에게 절대적인 복종을 해야 했다. 따라서 영도자와 민중 사이에는 다른 지도자들이 끼어들지 못한다. 그는 들판에 혼자 우뚝 서 있는 거대한 돌기둥(monolith)과 같은 초월적인 존재였던 것이다.

그러므로 만일 그에게 도전할 만한 다른 지도자들이 나온다면, 그들은 돌을 부수어 평평하게 만드는 평탄 작업(平坦作業)을 통해서 전부 제거되어야 했다. 그렇게 되면 사회는 수령(首領)을 최고의 정점(頂點)으로 하는 위계질서(位階秩序, hierarchy)를 갖추게 되는 것이었다.

그러한 위계질서를 유지하기 위해 파시스트 국가들은 파시스트당이나 나치당의 일당독재(一黨獨裁)를 도입했다. 민족의 소망을 구현하는 데 앞장을 설 전위대(前衛隊)가 필요했던 것이다. 그것은 소련에서 공산당이 프롤레타리아 계급의 전위대가 되어야 했던 경우와 같았다.

협동조합 형태의 국가 운영

나치즘과 파시즘은 초기에 사회주의적인 성격을 띠었다. 하지만 유산 계급의 지지를 얻은 다음부터는 신속하게 태도를 바꾸어 반공(反共)의 입장을 보였다.

그 때문에 그것은 사유 재산은 인정하면서도, 국민 전체의 이익을 위해서는 국가에 의해 통제되고 몰수될 수 있다는 국가 통제(國家統制)의 개념을 내세우게 되었다. 독일의 나치즘이 국가 사회주의(national socialism)의 이름을 갖게 된 것도 그와 같은 이유 때문이다.

이탈리아의 파시스트 경제 체제는 협동조합주의(syndicalism)의 원칙을 도입했다. 국민은 27개의 협동조합으로 나뉘어 국가에 의해 통제되도록 했다. 그 때문에 파시스트 이탈리아는 협동조합 국가(協同組合國家, corporate state)로 불리게 되었다.

각 협동조합은 내부적으로 고용주 조직과 노동자 조직으로 나뉘어 근로 조건을 스스로 결정하도록 했다. 노동자의 파업은 국민 전체에 경제적 손해를 준다는 이유로 금지되었다. 또한 각 협동조합은 국가에서 할당하는 수의 국회 의원을 배정받음으로써 국가 기구의 한 부분이 되었다.

감성과 증오심의 조장

유럽의 자유주의자들은 계몽주의 사상의 전통에 따라 인간이 합리적인 존재라고 믿었다. 따라서 인간은 이성과 과학의 힘으로 빈곤과 불평등을 비롯한 복잡한 사회 문제들을 해결할 수 있다고 생각했다.

그러나 낭만주의 사상의 전통을 이어받은 반(反)합리주의자들은 그것에 반발했다. 그들은 그러한 인간관을 가리켜 부패한 부르주아 계급의 산물로 매도했다. 그들에 따르면, 인간은 합리적이기는커녕 감정적이며, 증오심(憎惡心)에 따라 움직이는 충동적이고 불합리한 존재라는 것이었다.

실제로 19세기 말 이후의 산업화와 도시화의 과정에서는 많은 사람들이 기성 체제로부터 소외되었다고 느끼고 스스로를 힘없는 '민중'이라고 생각하게 되는 현상이 나타났다. 그들의 두드러진 특징은 분노와 증오였다.

그들의 절망적인 심리 상태는, 어느 나치 대원이 "나는 이성(理性)이란 말을 들으면 권총에 손이 간다."고 말한 데서 잘 나타났다.

경제적 곤경이 사라지면 파시즘은 쇠퇴

파시즘은 이처럼 감정적으로 불안정한 사람들에게 우월감(優越感)과 선민사상(選民思想)을 불어넣어 줌으로써 정신적인 위안을 주고 그들을 정신적으로 강하게 만들었다. 나아가 그것은 그들에게 기성 체제를 파괴하고 새로운 질서를 창조할 거창한 변혁(혁명)을 일으킬 수 있다는 희망을 주었다.

오늘날에 와서도 파시즘 운동은 여전히 존재하고 있다. 그것은 독일, 영국, 프랑스와 같은 유럽의 여러 나라들과 미국에서도 나타나고 있다.

그러한 현상은 특히 경제적 곤경(困境)이 심한 지역에서 두드러지게 나타나고 있는데, 대표적인 경우로는 1990년대 초 공산주의 체제가 무너지고 사회적, 경제적인 어려움이 찾아온 옛 동독 지역과 러시아였다.

3. 공산주의와 사회주의의 역사관

마르크스주의의 출현

19세기 유럽에서 마르크스주의가 등장하게 된 것은 산업 혁명(Industrial Revolution)에 따른 경제적, 사회적 구조의 급격한 변화 때문이었다. 새로 나타난 산업 사회에서는 새로운 세력들인 자본가 계급과 노동자 계급이 극심한 갈등을 보였다.

이때 노동 계급의 관점에서 산업 사회를 분석하고 그 장래를 전망한 사람이 마르크스였다. 그에 따르면, 자본주의 체제에서는 노동이 단순한 상품이 됨으로써 인간은 이웃들과의 인간적인 관계가 막히는 소외(疏外)의 상태에 빠지게 되고, 그에 따라 인간성이 파멸했다는 것이다.

이러한 인간관(人間觀)을 토대로 마르크스는 사회의 기본 요소는 정신이 아니라 물질이라는 경제적 결정론(經濟的決定論)을 제시했다. 즉, 그것은 사회의 하부(下部) 구조를 이루고 있는 경제 체제, 즉 생산 양식이 사회의 상부(上部) 구조를 이루고 있는 제도나 사상을 지배한다는 것이었다.

역사적 유물론

이와 같은 경제적 결정론에 역사의 변증법적(辨證法的) 진행 방법을 결합시킨 것이 유물론적 역사관(유물사관)이었다. 변증법은 어떤 명제를 정(正)이라 하고 그것과 대립하는 것을 반(反)이라고 보았을 때, 둘이 갈등을 일으키다가 새로운 제3의 통합적 개념인 합(合)을 만들어 낸다는 논리였다.

마르크스는 이 논리를 그의 시대에 적용해 자본주의적 생산과 부르주아 계급은 정(正)으로, 노동 계급은 그것에 대립하는 반(反)으로 보았다. 둘 사이에서는 갈등이 일어나고, 결국은 공산주의자라는 합(合)이 나타나게 된다는 주장이었다.

마르크스에 따르면, 서양 문명은 원시 공동체, 노예제, 봉건제, 자본주의 사회의 네 단계를 거쳐 왔다는 것이다. 그리고 각 단계의 생산 양식에서 일어난 생산력과 생산 관계의 모순(갈등)은 모두 계급 투쟁으로 나타났다는 것이다.

그러므로 마지막 네 번째 단계의 자본주의 경제 체제도 계급 투쟁으로 소멸될 것이라는 주장이었다. 왜냐하면 노동자 계급이 생산 수단을 소유한 자본가 계급을 혁명으로 타도할 것이기 때문이다. 그렇게 되면 결국은 계급과 계급 투쟁이 없는 공산주의 사회가 오게 될 것이라는 주장이었다.

혁명 사상으로서의 공산주의

마르크스에 따르면, 자본주의 사회는 반드시 무너지고 공산주의 사회가 오게 되어 있다는 것이다. 자본주의 경제 체제 안에서 공급이 수요보다 많은 과잉 생산이 나타나 경제 공황이 일어날 것이기 때문이다.

마르크스는 자본주의 체제가 반드시 붕괴한다는 것을 입증하기 위해 '잉여 가치설(剩餘價値說)'을 내세웠다. 잉여 가치란 자본가들이 노동자의 노동을 이용하여 얻는 이윤인데, 그 과정에서 자본이 축적된다는 것이다. 마르크스는 그 과정을 노동자에 대한 착취(搾取)로 보았다.

그 결과, 자본은 소수의 자본가에 의해 더욱더 독점(獨占)되는 반면, 노동자는 실업과 빈곤의 고통을 더욱더 받게 된다는 것이었다.

그렇게 되면 결국 무산대중(無産大衆), 즉 프롤레타리아 계급의 불만은 혁명(革命)으로 폭발하여 자본주의적 생산 관계를 무너뜨리게 된다는 것이었다.

20세기를 휩쓴 공산주의 이념

20세기 전반을 거쳐 공산주의는 막강한 위력을 발휘했다. 그것은 '가진 자'에 대한 '못 가진 자'의 봉기를 부추기는 혁명 사상(革命思想)으로서, 전 세계의 빈민과 불만 세력에 대해 큰 호소력(呼訴力)을 가지고 있었다.

그에 따라 자유 자본주의 국가들은 자본주의 사회가 스스로 붕괴하고 만다는 마르크스의 예언에 대해 크게 불안해 했다.

게다가 공산주의의 종주국(宗主國)인 소련은 막강한 군사력을 바탕으로 세계를 향해 팽창하고 있었다. 그 때문에 서방 자유자본주의 국가들은 소련의 무력 침략 가능성에 대해 항상 두려워했다. 그것에 대응하기 위한 대표적인 군사 동맹이 1949년에 미국 주도로 창설된 북대서양조약기구(NATO)였다.

그러나 마르크스주의자들의 예상과는 달리 1990년대 초에 옛 소련과 동유럽 국가들의 공산주의 체제가 먼저 무너졌다. 그에 따라 자유 자본주의 국가들이 공산주의에 대해 오랫동안 가졌던 두려움도 사라졌다.

소련이 공산주의 대신에 사회주의를 내세웠던 이유

마르크스주의 혁명이 목표로 했던 것은 생산 수단의 공유화(共有化), 즉 공산화(共産化)였다. 그것이 실현되면 사유 재산 제도가 폐지되어 계급 없는 새로운 사회가 나타난다는 것이었다. 그러한 이상 사회(理想社會)에서는 억압의 도구인 국가(國家)도 자동적으로 소멸된다는 것이었다.

그러나 1917년, 러시아에 공산 체제가 들어서면서 그 생각은 달라졌다. 국가를 폐지할 수 없었기 때문이다. 국가 없는 공산주의 사회는 당장 실현될 수 있는 것이 아니었던 것이다.

그러므로 러시아의 공산주의자들은 우선 과도기적 프롤레타리아 독재, 즉 사회주의 체제의 단계를 거쳐야 한다고 주장했다. 그에 따라 소련의 국호(國號)에는 공산주의가 아닌 사회주의가 붙게 되었다.

그러나 1991년에 소련이 해체되었으므로, 소련은 국가가 없어지는 공산주의 단계에 도달하지 못하고 사회주의 국가로 끝나고 말았다. 그에 따라 소련의 위성국(衛星國)들도 사회주의 국가로 역사에 남게 되었다.

그러나 공산권의 사회주의 호칭 사용은 서방의 지식계(知識界)에 혼란을 가져다주었다. 서방 세계에서 사회주의는 사회민주주의(social democracy)를 의미하기 때문이다. 특히 우리나라와 같이 공산주의 이념과 대결 상태에 있는 경우에 그 혼란은 더 컸다.

공산주의와 사회주의를 구별해야

마르크스가 죽은 다음, 서유럽과 미국에서 마르크스주의는 혁명(革命)의 방법을 내세우는 공산주의자들과 개혁(改革)의 방법을 내세우는 사회주의자(수정주의자)들로 갈라졌다.

사회주의자들은 의회 정치를 비롯한 민주 제도의 수단을 통해 마르크스주의의 목표에 점진적으로 도달할 수 있다고 생각했다. 그들은 자본주의 체제를 단계적으로 개혁하여 노동 계급의 권익을 꾸준히 향상시키려고 했다. 그 때문에 그들은 사회민주주의자(社會民主主義者)로 불렸다.

이와 같은 목적들을 달성하기 위해 이들 사회주의자(사회민주주

의자)들은 우선 기간산업을 국유화(國有化)하려 했다. 그들은 사유
재산을 전면 부정하지는 않으면서도 그것의 사용을 어느 정도 제한
하여 부(富)의 재분배(再分配)를 실현하려고 했던 것이다. 그것은
복지 국가의 실현이었다.

그러므로 서방 세계에서는 사회주의와 공산주의가 다른 의미를
가진다. 따라서 사회당, 사회민주당, 노동당 같은 온건한 사회주의
정당들은 공산당과는 구별되었다.

이와는 달리, 소련을 비롯한 공산 국가의 사회주의 체제는 서방
의 관점에서는 공산주의 체제였다. 그것은 1989년에 헝가리가 소
련 체제로부터 벗어나면서 공산당을 사회당(社會黨)으로 바꾸었던
사실에서 잘 드러났다.

제5장 민중의 관점에서 보는 역사

민중주의는 힘없는 '민중(民衆)'이 힘 있는 '엘리트'를 제어할 민중 정부를 세우려는 이념이다. 그러나 민중이 어떤 '엘리트'를 미워하느냐에 따라 민중주의의 이념적 성격이 달라진다. 그래서 그것은 19세기 러시아의 나로드니키(Narodniki)처럼 좌파 성향을 띠기도 하고, 1980년대 미국의 극우파(the far Right)처럼 우파 성향을 띠기도 한다.

1. 유럽 민중주의의 역사관

민중주의의 본질은 엘리트에 대한 증오

민중주의(populism)는 권력의 중심으로부터 소외되어 있다고 느끼는 민중(the people)이 사회의 지도층인 '엘리트'를 적(敵)으로 보고 저항하는 반체제적인 이데올로기이다.

다시 말해 그것은 힘 있는 자들(the power) 앞에서 자신의 왜소(矮小)함과 무력감을 느끼는 힘없는 자들(the powerless), 즉 소시민(小市民, the little man)들의 비애를 표현한 저항적인 이데올로기이다.

누구를 민중의 적(敵)으로 삼는가 하는 것은 시대와 지역에 따라 달랐다. 19세기 러시아의 '나로드니키'에 있어서 민중의 적은 귀족, 지주, 관료, 성직자, 자본가 등 지배층 전체였다. 그러나 19세기 미국의 민중당에 있어서 민중의 적은 농민들을 압박하는 철도업자,

은행가들이었다.

그런가 하면 1940년대 아르헨티나의 페론주의자들에게 있어서 민중의 적은 대지주, 군부, 자본가, 지식인들이었다. 그리고 1950년대 미국의 매카시즘 지지자들이나 1980년대 미국의 백인 민병대(民兵隊)에게 있어서 민중의 적은 진보좌파 성향의 정치가들과 지식인들이었다.

엘리트와 싸워 줄 영웅을 기다리는 민중

민중주의자들이 엘리트를 미워하는 이유는 도덕적인 것이었다. 즉, 민중은 도덕적이며 생산적인 데 비해 엘리트는 방탕하고 게으르다는 생각이었다. 여기서 민중의 생활이 고달픈 것은 사악한 엘리트들의 민중 수탈을 위한 음모(陰謀) 때문이라는 음모설이 나오게 되었다.

그러므로 엘리트에 대한 반란이나 혁명은 사악한 특권 세력을 타도하기 위한 '성스러운 싸움'이었다. 그것은 악(惡)에 대한 선(善)의 싸움이며, 거인 골리앗에 대항한 소년 다윗의 싸움이었다. 소년 다윗은 민중 출신의 작은 영웅이지만, 그에 대한 전설적인 이야기는 민중의 힘을 이끌어 내는 원동력이 되었다.

이러한 작은 영웅들의 힘을 이끌어 내고 조직하기 위해서는 위대한 영도자가 있어야 했다. 그러한 영도자는 민중과 신비로운 방법으로 소통하는 초월적인 인간이었다. 그리고 그는 비교(祕敎)의 교주처럼 새 세상을 이룩할 운명의 구세주였다.

과거의 '황금시대'를 그리워하는 복고주의자들

민중주의는 보통 산업화와 도시화의 과정에서 손해를 보았다고 느끼는 농민들의 분노를 표현한 것이므로, 농본주의(agrarianism)

의 특징을 보인다. 즉, 그것은 농민은 생산적이고 도덕적인 데 비해 지주와 자본가는 게으르고 타락한 것으로 보는 태도이다.

서양 역사에서 대표적인 민중주의자들은 19세기 말 러시아에서 나타난 '나로드니키'였다. 그러나 실제로 그들은 수탈당하는 민중(民衆)이 아니었다. 반대로 그들은 민중을 대변하고 있다는 낭만적이고 혁명적인 지식인들로서, 대부분이 귀족의 아들들이었다. 실제로 수탈당하는 농민들은 계급 의식도 없고 무지했기 때문에 저항할 능력이 없었던 것이다.

'나로드니키'의 저항에는 서유럽화(Westernization), 즉 근대화하는 과정에서 사라져 가는 러시아의 전통적이고 농촌적인 가치를 지키려는 의도가 있었다. 그들은 모든 미덕(美德)이 농촌과 농민으로부터 나온다고 믿었다. 따라서 그들은 산업화와 도시화를 중단하고 과거의 '러시아적인 것', 즉 농촌 공동체(미르)로 돌아가야 한다는 복고주의적인 입장을 보였다.

그들의 정치 조직은 사회혁명당(社會革命黨)이었다. 1917년에 러시아 혁명이 일어나자, 그들은 공산주의자들인 볼셰비키파에 가담했다. 그러나 사회혁명당은 강한 조직력을 가진 공산당에 흡수되어 흔적조차 없이 사라지고 말았다.

소시민의 재산은 신성하다

그러한 형태의 농촌 민중주의는 제1차 세계대전 후인 1920, 30년대에 폴란드, 루마니아 등에서도 나타났다. 이들 동유럽의 민중주의자들은 공산 국가 소련에서 소농(小農, peasant)의 농토와 가축이 몰수당한 것을 보고 놀랐다.

그들은 평소에 대지주의 토지와 금융가 · 기업가의 자본은 몰수되어야 한다고 주장해 왔지만, 그러면서도 자신들의 작은 재산은 보

존되어야 한다는 소부르주아 계급(petty-bourgeoisie)의 이중적인
태도를 보였다. 가족의 재산은 근로(勤勞)를 통해 형성되었기 때문
에 신성(神聖)하다는 것이었다.

그 때문에 동유럽의 민중주의는 서방의 자본주의 체제도 반대했
지만, 소련의 공산주의 체제에 대해서도 반대했다. 그들은 자본주
의와 공산주의에 대한 대안(代案)으로 민중주의(民衆主義)를 내세
웠던 것이다.

그들은 국가별로 농민당을 조직했다. 당장은 서방식 자본주의
보다 소련식 공산주의의 위협이 더 컸기 때문에, 소농(小農)들
은 국제 공산당(코민테른)에 대항하기 위해 국제 농민당(Green
International)을 조직했다.

그들은 개인 생산자들로 이루어진 협동조합 사회(協同組合社會)
를 꿈꾸었다. 그러한 목표는 점진적인 개혁의 방법으로 달성되기를
희망했기 때문에, 소농들은 대지주들을 타도하기 위해 도끼를 들고
혁명을 일으키지 않았다. 그 때문에 혁명적인 지식인들은 그들의
보수성에 크게 실망했다.

곤경에 대한 책임을 돌릴 희생양을 찾다

민중주의자들은 자신의 경제적 곤경이 다른 사람들의 잘못 때문
이라고 보기 때문에 그 책임을 질 희생양(犧牲羊)을 찾는 특징이 있
었다. 희생양은 보통 소수 인종이나 소수 민족이 되기 때문에 그러
한 감정은 보통 인종주의(racism)로 나타났다.

1930년대 폴란드와 루마니아의 반(反)유대주의 운동, 그리고 나
치 독일의 '유대인 대학살'(홀로코스트)이 그러한 경우였다. 1920년
대 미국의 유대인과 흑인을 증오하는 토착주의(nativism) 운동도
그러한 민중주의 감정을 표현한 것이었다.

겉으로만 과격한 민중주의자들

이러한 점에서 민중주의는 공산주의와 비슷해 보이면서도 실제로는 많이 달랐다. 공산주의가 혁명으로 기성 체제(旣成體制)를 타도하려는 데 비해, 민중주의(populism)는 기성 체제가 약속하고도 이행하지 못한 것들을 좀 더 얻어 내려고 했다.

그러므로 자기들이 바라는 것이 당장 실현될 수만 있다면 그들은 더 이상 행동할 마음이 없었다. 왜냐하면 그들이 가장 두려워했던 것은, 자본주의 사회든 공산주의 사회든, 권력의 엘리트 집중(集中)이기 때문이다.

민중주의는 감정적이기 때문에 이론이 약했다. 그래서 지적(知的)인 부족을 메우기 위해 유난히 과격한 모습을 보였다. 그러나 실제로는 기존 체제의 기본 가치를 벗어나지 않으려는 보수적인 입장을 지니고 있었다.

민중주의는 평범한 근로자들, 즉 민초(民草, grassroots)들이 권력 엘리트에 대해 분노를 느끼는 데서 출발했다. 그런데 그와 같은 분노는 권위주의적인 정치가들에 의해 이용되어 대중 독재(大衆獨裁)를 가져올 위험이 있었다.

선동적인 지도자들이 엘리트에 대항해 민중을 대변(代辯)한다고 나서게 될 때, 민중은 독일의 히틀러와 아르헨티나의 페론 같은 선동가(煽動家) 정치인들을 지지하게 되었던 것이다.

2. 미국 민중주의의 역사관

산업 사회의 출현으로 손해를 본 농민

19세기 말 민중당(the People's Party)을 중심으로 나타난 미국의 민중주의도 농촌 급진주의를 표현했다.

그렇지만 미국 민중주의가 대변한 세력은 가난한 소농(小農)이 아니었다. 그것은 영농 규모가 큰 자영농(自營農)들, 특히 시장에 팔 목적으로 특정 농작물만을 생산하는 상업적인 농민들(commoditiy farmers)이었다.

따라서 그들의 적(敵)은 농산물 수송에서 횡포를 부리는 철도 회사들이나 가혹한 융자 조건을 강요하는 은행가들이었다. 따라서 그들은 민중 정부가 들어서서 그와 같은 사악한 세력들을 통제(統制)해 주기를 희망했다.

그들의 분노는 산업 혁명의 결과로 나타난 엄청난 변화에 대한 반발이었다. 농민들에게는 갑자기 나타난 거대한 기업, 거대한 자본, 거대한 노동조합, 거대한 정부가 두렵게 보였다. 그리고 그것에 따라 나타난 가혹한 경쟁 체제와 복잡한 법 제도에 대해 혼란스러워했다.

그러므로 그들은 친숙한 옛날의 제도들과 가치들이 보존되기를 바랐다. 따라서 그들이 말하는 진보(進步)는 과거의 좋았던 시절(황금시대)로 돌아가는 복고주의적인 것이었다.

되돌아갈 과거는 자유방임의 사회

그러나 미국의 민중주의자들이 되돌아가기를 바라는 과거의 이상 사회는 유럽 민중주의자들의 경우와는 달랐다. 유럽 민중주의자들이 돌아가야 할 과거의 전통 사회는 봉건적이고 공동체주의적인 사회였다.

이와는 달리, 미국 민중주의자들이 되돌아갈 과거의 전통 사회는 개인주의적이고 자유방임주의적인 사회였다. 그들은 그러한 자유주의 사회가 거대 기업과 거대 노동조합의 출현으로 사라진 것을 한탄했던 것이다.

그러므로 19세기의 미국 민중주의 운동은 겉으로는 과격한 모습을 띠면서도 이념적(理念的)으로는 부르주아적인 자유주의를 표현하고 있었다. 그 때문에 1914년의 제1차 세계대전을 전후로 경제 상태가 좋아지자, 과격한 농민 운동(農民運動)은 자취를 감추고 말았던 것이다.

그렇지만 그 뿌리는 사라지지 않았다가 1920년대에 토착주의(土着主義, nativism) 운동으로 다시 나타났다. 그것은 미국의 개인주의적인 가치들을 지키려는 전통주의 운동이었다. 동시에 그것은 새로 들어온 이민과 유색 인종을 '비(非)미국적인 사람들'이라고 배척하는 인종주의 운동이기도 했다.

1980년대에 신우파로 등장

그렇게 이어져 온 미국 민중주의의 전통은 1980년대에 신우파(the New Right)의 이름으로 다시 나타났다. 이때 민중주의자들의 새로운 증오 대상은 진보좌파적인 지식인들과 정치인들, 그리고 이들에 장악되어 있는 연방 정부였다.

이들 신우파 민중주의자들에 따르면, 진보좌파 엘리트가 연방 정부를 장악하기 시작한 것은 1930년대 민주당 정부가 뉴딜 정책을 시행한 때부터였다는 것이다. 1929년의 대공황으로 실업자가 쏟아져 나오자, 프랭클린 루스벨트 행정부는 유럽의 사회주의적인 국가 통제(國家統制) 개념을 받아들여 정부가 공공 투자를 통해 일자리를 만들려고 했던 것이다.

뉴딜 정책을 시행하는 과정에서 정부의 규모와 역할이 커지면서, 진보적인 정치인, 관료, 지식인들의 권한이 강화되었다. 그에 따라 뉴딜 자유주의자(진보주의자)로 불리는 진보적인 엘리트(Liberal elites)가 형성되었다.

증오의 대상은 진보좌파 엘리트

그 이후로 진보적인 엘리트는 빈민에 대한 복지 정책(福祉政策)을 내세워 선거에서 빈민의 표를 얻어 권력의 자리를 계속 차지했다. 1960년대부터는 여기에 '신좌파'(the New Left) 세력이 가담함으로써 막강한 진보좌파 연합(the liberal-left coalition)이 형성되었다. 진보좌파 세력의 권력은 1990년대 클린턴의 민주당 행정부에서 절정을 이룬 다음, 2010년대에 오바마와 힐러리 클린턴으로 이어졌다.

진보좌파 세력은 빈민, 소수 인종, 여성과 같은 사회적 약자들을 대변한다는 명분을 내세워 선거에서 승리하는 일이 많았다. 그래서 고급 승용차를 타게 되었다고 해서 '리무진 진보주의자들'(limousine liberals)이란 별명도 얻었다.

이들 진보좌파 엘리트는 교육을 잘 받고 유복한 생활을 하는 중상류층 출신이었다. 그럼에도 불구하고 사회적 약자들의 대변자로 행세 했기 때문에 그들은 "좌파처럼 생각하고 우파처럼 생활한다."(Live right, think left)는 비난을 받았다.

문화 권력에 대한 증오

이들 진보좌파 엘리트는 1960년대에 '신좌파'가 시작해 놓은 '문화 혁명'(文化革命, Cultural Revolution)을 실현해 나갔다. 그에 따라 진보좌파적인 '문화 권력(文化權力, cultural power)'의 영향력(影響力)이 커졌다. 그들은 대학 교수, 언론인, 문인, 예술가, 영화인들로서, 미국 국민의 생활 방식을 '히피적인' 것으로 계속 바꾸어 갔다.

문화 혁명은 미국 사회에서 개인주의적이고 자유방임적인 생활 방식을 약화시키는 '좌경화(左傾化)'를 의미했다. 또한 그것은 '성

혁명'과 '마약 혁명'의 확산을 통해 전통적인 청교도적 문화를 약화시키는 '세속화(世俗化)'를 의미했다.

그러므로 1980년대의 신우파 민중주의는 미국 사회의 세속화와 좌경화를 막고 전통적인 가치들을 지키려는 운동이 될 수밖에 없었다. 따라서 그것이 회복하려는 것은 1776년의 건국 초기에 미국 사회를 지배했던 개인주의적이고 자유방임적인 가치들, 그리고 도덕성과 근로 윤리를 강조하는 청교도적인 가치들이었다.

백인 근로 대중의 분노

진보좌파 엘리트에 분노한 민중들은 신우파(the New Right)로 조직되기 시작했다. 그들은 대체로 중하층(中下層) 계급의 백인 근로자들로서, 대학을 나오지 못했거나 보수가 적은 직장에 다니는 사람들이 많았다. 그리고 근본주의(根本主義, fundamentalism) 신앙을 가진 프로테스탄트 교도들이 많았다.

그들은 사회적 특권을 누리는 상류층과 정부 혜택을 받는 사회적 약자(노동자, 빈민, 소수 인종, 여성 등) 사이에 끼여 있는 중간층(中間層)으로서, 세금만 내는 순진한 근로자들이었다. 그들은 연방 정부의 소수세력 우대정책(Affirmative Action) 시행으로, 흑인, 히스패닉, 여성에게 밀려 적절한 일자리와 지위를 얻을 수 없게 된 백인 남자들이었다.

그들은 나라에 충성하며 살아왔지만 아무 보상도 받지 못하는 평민이었다. 그러면서도 나라에 대한 애국심에는 변함이 없는 민중이었다. 따라서 그들의 착잡한 마음은 "나는 내 나라를 사랑한다. 하지만 내 정부는 무서워한다."는 것이었다.

그들은 미국이 중산 계급의 나라에서 빈민(貧民)의 나라로 바뀌어 가고 있는 데 대해 분개했다. 그렇게 된 원인은 뉴딜 정책 이후 탄생한 복지 국가(福祉國家, welfare state) 때문이었다. 그들에게 복지 국가는 진보좌파적인 정치가들이 부지런한 근로자들로부터 세금을 거두어 빈민을 먹여 살림으로써 게으름과 부도덕함을 조장하는 나쁜 제도로 보였던 것이다.

도덕적 타락과 세속화에 분개

신우파 민중은 미국이 범죄자(犯罪者)에게 관대한 '관용(寬容)의 사회'(permissive society)로 바뀐 데 대해서도 분개하였다. 그 책임은 범죄의 책임을 사회에 돌리는 진보좌파 성향의 지식인들, 그리고 범죄자들에게 관대한 판결을 내리는 진보좌파적인 판사들에게 있다고 생각했다.

또한 그들은 진보좌파 성향의 엘리트가 청교도들의 나라인 미국을 '세속화'시켜 도덕적으로 타락시키고 있다고 분개했다. 여성 해방 운동과 '성(性)의 해방'은 이혼을 조장해 가정을 파괴하고 동성애(同性愛)까지 허용하게 되었다는 것이다.

무엇보다도 그들을 격분시킨 것은 민주당의 카터 대통령이 베트남 전쟁의 병역 기피자(忌避者)들을 사면한 것이었다. 그에 따라 클린턴과 같은 병역 기피자가 대통령이 되어 연방 정부를 장악하게 되었다는 것이다. 그들은 베트남 전쟁에서 귀국하는 병사들이 환영을 받기보다는 진보좌파들에 의해 조롱당하는 장면을 생생하게 기억했다.

그럼에도 불구하고 그들은 나라가 망하는 것을 그대로 볼 수만은 없는 애국자들이었다. 그러한 마음은, "미국이여, 너는 이대로 죽기에는 너무 젊다."고 1980년에 외친 제리 폴웰(Jerry Falwell) 목사의 구호에서 잘 나타났다. 신우파 민중의 애국심은 국가 구원의 십자군 운동으로 이어졌다.

뉴딜 이전의 미국으로 돌아가자

그러므로 신우파 민중은 나라를 '뉴딜 이전의 미국'으로 되돌려야 한다고 주장했다. 그것은 미국이 사회주의 영향을 받기 이전의 개인주의적이고 청교도적인 '진짜 미국'(realAmerica)으로 되돌아가는 것이었다. 1980년의 대통령 선거에서 레이건(Reagan, Ronald)이 "근본으로 돌아가자."(Back to the Basics)고 외친 것은 그러한 감정(感情)을 표현한 것이었다.

우선 미국을 도덕적으로 부활(復活)시키는 것이 중요했기 때문에 그들은 청교도들과 장로교도들의 신앙인 칼뱅이슴(Calvinism)을 되살리려고 했다. 그 대표적인 인물이 제리 폴웰 목사와 팻 로버트슨(Pat Robertson) 목사였다.

그들은 미국 국민이 신에 대해 감사하는 마음을 가질 수 있도록 국가 기도일과 금식일의 지정을 국가에 청원했다. 미국인들이 원래 '신을 두려워하는 국민'이었음을 일깨우기 위한 것이었다.

또한 그들은 가정 수호(pro-family) 운동을 벌였다. 여성 해방 운동과 범죄자에 대한 관용으로 이혼과 가정 파괴, 낙태, 성병, 사생아, 동성애, 아동에 대한 성적(性的) 학대 같은 사회악이 늘어났다고 생각했기 때문이다.

학교의 좌경화에 분노

또한 그들은 공립학교에서 진보좌파 성향의 교사들이 좌경화와 세속화의 교육을 시키고 있는 데 대해 분개했다. 그 때문에 그들은 자기의 자녀들을 기독교 계통의 사립학교에 보내려 했다. 그리고 진보좌파 성향의 교육감들이 사립학교 운영에 간섭하지 못하게 하려고 했다.

학교 교과서에는 공산주의, 여성 해방, 동성애를 옹호하는 내용이 많았다. 그 때문에 그들은 학부모 자격으로 교과서 검토권(檢討權)을 요구했다.

젊은 대학생들에게 빈민들처럼 정부가 청년 수당의 복지 혜택을 주는 데 대해서도 반대했다.

그리고 신우파 민중은 거대한 노동조합이 잦은 파업으로 나라를 무너뜨리고 프로테스탄티즘의 근로 윤리(work ethic)를 말살하고 있다고 분개했다. 그들은 노동조합의 진보좌파적인 성향의 간부들을 가리켜 '노동 귀족'이라고 비난하고, 노동자를 의무적으로 노동조합에 가입시키도록 규정한 노동법 조항을 폐기해야 한다고 주장했다.

연방 정부의 권위를 부정한 극우파

이러한 신우파 민중의 노력에도 불구하고 '좌경화'와 '세속화'의 추세는 멈추지 않았다. 그 때문에 1980년대 말부터는 과격한 민중주의자들인 극우파(the far Right)가 나타나게 되었다. 그들의 목표는 진보좌파 엘리트에 의해 장악되어 민중의 적(敵)이 되어 있는 연방 정부를 타도하는 것이었다.

그들은 '연방 정부의 폭정'(暴政, Federal Tyranny)을 타도하기 위해서는 1776년의 독립 혁명 당시 영국 왕의 폭정에 대항했던 것과 같은 무장 단체(武裝團體)가 있어야 한다고 생각했다. 그래서 중서부를 중심으로 작은 민병대(militia) 조직들이 나타났는데, 가장 유명한 것이 미시간 민병대와 몬태나 민병대였다.

연방 정부의 타도를 외쳤지만, 그들은 무정부주의자는 아니었다. 과거의 제퍼슨주의자들처럼 그들은 민중과 가까이 있는 작은 지방 정부의 권위는 인정했기 때문이다.

그들은 특히 군(郡, county) 정부의 권위를 중요하게 생각했다.

따라서 그들은 중앙 정부에 대항해 개인의 자유와 지방의 자율성을 극단적으로 옹호하는 자유 지상주의자들(libertarians)과 지방 급진주의자들이었다.

이들의 조직 가운데서 가장 유명했던 단체가 '포세코미타투스'(Posse comitatus)였다. 그 명칭은 군(郡, county)의 권위를 의미하는 라틴어로서, 미국의 최고 권위는 군 정부와 그곳의 치안을 맡은 보안관(保安官)에 있다는 의미였다. 그 조직의 상징은 사람의 목을 매다는 올가미였다. 그것은 '민중'의 뜻을 따르지 않는 사람은 서부 개척 시대에 마을 복판에서 목을 매달았던 것처럼 공개적으로 처형된다는 의미였다.

그들은 연방 정부와 주 정부의 권위를 인정하지 않았기 때문에 세금을 내지 않는 것은 물론, 자동차 운전면허증도 받지 않았다. 따라서 공무원들과 충돌하는 경우가 많았다.

건국 당시로 돌아가자는 헌법 근본주의

극우파 민중주의는 1789년 건국 당시의 헌법을 부활시키려는 헌법 근본주의(constitutional fundamentalism) 운동으로도 나타났다. 그것은 성서의 내용을 그대로 믿어야 한다는 기독교 근본주의와 같은 논리로서, 헌법을 좁게 해석했다.

건국 당시의 미국 헌법은 본문과 10개의 수정 조항(인권 보호 조항)으로만 되어 있었다. 그런데 그 뒤에 사회적 약자(弱者)들을 보호한다는 구실로 계속 수정 조항들이 추가되면서, 연방 정부의 권한을 계속 확대시키고 진보좌파 엘리트의 권력을 강화하게 되었다는 것이다. 따라서 그러한 수정 조항들은 모두 무효화해야 한다는 것이었다.

그들은 수정 조항 제16조의 폐지를 요구했다. 그것은 연방 정부가 가난한 사람들을 돕는다는 이유로 소득세를 부과한 조항이었다. 그 조항은 지방 민중의 동의를 받지 않았기 때문에 무효라는 것이었다.

헌법 근본주의는 연방 정부의 총기 규제에 반대하는 운동으로도 나타났다. 시민이 무기를 가질 권리는 원래의 헌법 수정 조항 제2조에 명시되어 있는 것이므로, 연방 의회가 그 권리를 빼앗을 법을 제정해서는 안 된다는 것이었다.

헌법 근본주의 사상은 연방 정부의 환경 규제를 반대하는 운동으로도 나타났다. 지방의 토지와 자원을 개발할 권한은 그 지방의 주민과 지방 정부에게 있는 것이므로, 연방 정부나 환경 단체가 개입할 수 없다는 것이었다.

헌법 근본주의는 '배심원(陪審員)의 법원 판결 무효화' 운동으로도 나타났다. 진보좌파 성향의 판사들이 범죄자, 유색 인종, 좌파에 대해 관대한 판결을 내리고 있으므로, 지방의 민중 가운데서 선별된 배심원들이 그런 판결을 무효화할 수 있어야 한다는 것이었다.

유대인 음모설

극우파 민중주의 운동은 반(反)유대주의 운동으로도 나타났다. 그것은 자신들의 불행에 대한 책임을 떠넘길 희생양으로 유대인을 선택했다. 그것을 정당화하기 위해 '기독교적 정체성'(Christian Identity) 신학이라는 특이한 신앙관이 제시되었다.

그것의 핵심은 오늘날 고대 이스라엘 백성의 후손은 유대인이 아니라 앵글로색슨족이라는 주장이었다. 고대 이스라엘 왕국이 아시리아에 멸망당할 때 몇 개 부족이 몰래 영국 땅으로 숨어들었다가 나중에 그 일부가 미국으로 건너왔기 때문이라는 것이었다.

'기독교적 정체성'(正體性)이라는 말을 사용한 것은 미국인들이 오늘날에 와서야 자신들이 고대 이스라엘 백성의 자손으로서의 정체성을 알게 되었기 때문이라는 주장이었다. 유대인들은 나라 없이 오랫동안 떠도는 과정에서 이방인들의 피가 섞이고 타락해 '선민(選民)'의 자격을 잃었다는 것이었다.

그러므로 새로 '선민'이 된 미국인들이 미국을 신의 '약속된 땅'으로 바꾸려면 우선 연방 정부에서 유대인들의 영향력을 제거해야 한다는 것이었다. 극우파 민중들은 진보좌파 엘리트 가운데 유대인이 많다는 사실 때문에 연방 정부를 '유대인이 장악한 정부'(ZOG)로 불렀다.

그에 따라 반유대인 단체들이 나타났는데, 대표적인 것이 '종단'(the Order)이었다. 그것은 키신저(Kissinger, Henry), 록펠러(Rockefeller, Davison), 3대 텔레비전 방송국 사장들과 같은 저명한 유대인들을 살해할 계획을 세우기도 했다.

또 다른 반유대인 조직은 '아리안 국민들'(Aryan Nations)이었다. 그들에 따르면, 유대인들은 흑인들과 같은 악마의 자손들로서 '그리스도의 적(敵)'이며, 그들을 제거하기 위해서 '아리안 전사(戰士)들'이 나서야 한다는 것이었다.

유엔은 미국에 대한 위협

극우파 민중들은 기독교 국가인 미국이 언젠가는 나라 밖의 적들이 꾸민 국제적 음모(陰謀)에 의해 무너질 것으로 보았다. 음모의 주역은 유대인들, 진보주의자들, 사회주의자들, 공산주의자들, 가톨릭 세력이었다. 그들은 언젠가는 하나의 세계 정부를 만들어 미국을 흡수하게 될 것이라는 것이었다.

그들의 소굴이 바로 국제 연합(UN)이므로, 미국은 국제 연합을 탈퇴해야 한다는 것이었다.

그러한 음모설은 팻 로버트슨 목사가 1991년에 쓴 베스트셀러 책 《새로운 세계 질서》에서 잘 나타나 있다. 그는 세계의 경제 불황과 군사적 충돌은 모두 유대인 금융가들의 조작 때문에 일어나는 것이라고 주장했다.

그리고 유대인 음모 세력은 국내적으로는 민중을 수탈하기 위해 연방지불준비제도(聯邦支拂準備制度, FRB) 같은 중앙 금융 기관을 만들고, 국제적으로는 공산주의자들과 협력하여 국제 연합(UN)을 만들었다는 것이었다.

기독교와 결부된 애국주의

미국이 언젠가는 세계의 유대인들과 공산주의자들의 공격으로 무너질 것이라면 대비가 있어야 했다. 그러한 대비책을 마련하려 했던 사람들이 생존주의자들(survivalists)이었다.

그들은 미국 최후의 날에 살아남기 위해 외딴 지역에 종교 공동체(宗敎共同體)를 세우고 살았는데, 대표적인 것이 아칸소주 오자크 숲 지대의 '자렙파스-호렙' 교회였다. 그들은 다가올 큰 환란(患亂)에 대비하여 무장 공동체도 세웠는데, 대표적인 것이 오클라호마의 엘홀름시티였다.

연방 정부에 대한 이들의 증오심(憎惡心)이 절정에 이르렀던 때는 1990년대 클린턴의 민주당 집권 기간이었다. 증오심은 1993년 데이비드 지파 집단 살해 사건을 계기로 폭발했다.

그 사건은 연방 정부의 주류·총기 단속반이 텍사스주 웨이코 근처에 있는 '다윗 지파'의 종교적 공동체를 수색하면서 일어났다. 그 과정에서 80여 명의 신도들을 죽게 한 불상사가 발생했는데, 극우파 민중들은 클린턴의 연방 정부가 양민을 학살했다고 맹렬히 비난했다.

그 사건은 1995년에 극우파 민중으로 자처하는 맥베이(Timothy McVeigh)가 오클라호마시티 연방 청사 건물을 폭파해 500여 명을 죽게 하면서 다시 표면으로 떠올랐다. 맥베이는 이 폭파 사건(爆破事件)이 연방 정부에 대해 데이비드 지파의 원수를 갚으려는 것이었다고 주장했다.

베트남 전쟁이 남긴 군사 문화

이러한 호전적(好戰的)인 성격의 민중주의가 출현하게 된 것은 베트남 전쟁이 남긴 낭만적인 군사 문화, 즉 '람보 신화' 때문이기도 했다.

그것은 기성 체제(旣成體裁)와 연방 정부에 대한 불만으로 소외감(疏外感)을 느낀 청년들이 애국적인 군사 조직에 소속되고 유니폼을 입으면서 자신들의 존재감을 느꼈던 현상이었다. 그것은 베트남 전쟁에서 훈장을 탄 제대 군인들이 극우파 운동에 많이 가담했다는 사실에서도 확인되었다.

베트남 전쟁 당시에도 많은 참전 군인들은 그러한 '음모설'을 믿었다. 군인들이 전선에서 용감하게 싸우고 있는 동안 후방에서는 반역자들이 등 뒤를 찌르고 있었다는 것이다.

후방의 반역자들은 연방 정부를 둘러싸고 있는 진보좌파 성향의 정치가들, 관료들, 반전(反戰) 운동가들, 지식인들, 언론인들, 여성 해방 운동가들을 가리켰다.

민중주의의 근원은 경제적 곤경과 증오심

위에서 본 바와 같이 민중주의는 분노의 감정에 토대를 두고 있다. 따라서 그것은 좌파든 우파든 간에 모두 저항적이고 반체제적일 수밖에 없었다.

또한 그것은 감정적이고 이론이 약하기 때문에 독립적인 이데올로기로 지속되기가 어려웠다. 그 때문에 그것은 다른 급진적인 이데올로기들과 손을 잡거나, 아니면 그것들에 흡수되는 경우가 많았다. 민중주의가 공산주의, 아나키즘, 파시즘과 구별이 잘 안 되는 것은 바로 그와 같은 이유 때문이다.

민중의 분노는 주로 경제적인 곤경에서 오는 것이기 때문에 경제적 어려움이 있는 곳이라면 어디서든지 민중주의는 나타날 수 있다. 지배자(支配者)들에게 '속았다'고 느끼는 사람들이 있을 때, 민중주의는 패배자(敗北者, losers)들의 목소리를 대변하면서 나타나는 것이다.

그러나 경제적인 곤경이 해결되는 순간, 민중주의는 즉각 사라지는 특징이 있다.

제6장 자발성의 관점에서 보는 역사

인간의 모든 불행은 국가 등의 조직이 강제력(强制力)을 행사하는 데서 온다고 보는 사람들이 있다. 그들은 개인의 자발성(自發性)을 최고의 가치로 여긴다는 점에서 자유 지상주의자들(libertarians)이다. 그들은 이념적으로 아나키스트나 신좌파처럼 좌파 성향을 보이기도 하고, 미국의 백인 민병대처럼 우파 성향을 보이기도 한다.

1. 아나키스트의 역사관

모든 강제력은 조직으로부터 나온다

아나키즘(anarchism)은 강제력(强制力)을 사용해 개인의 자유와 자기실현을 억압하는 모든 조직(組織)의 폐지를 주장하는 이념이다. 따라서 그것은 정부, 사유 재산 제도, 종교 제도, 가족 제도의 어떤 권위(權威)도 인정하지 않으려고 한다.

아나키즘이 가장 미워하는 조직은 국가였다. 왜냐하면 국가야말로 소수의 권력자들이 나머지 많은 사람들을 억압하는 가장 큰 폭력 수단이기 때문이라는 것이다. 그 때문에 그것은 무정부주의로 불리기도 한다.

아나키즘은 19세기 초 영국의 고드윈(Godwin, William)과 프랑스의 프루동(Proudhon, Pierre)에 의해 처음 제시되었다. 그러나 19세기 후반에 그 운동의 중심은 크로포트킨(Kropotkin)과 바쿠닌

(Bakunin)을 배출한 러시아로 넘어갔다.

아나키스트들은 1917년의 러시아 혁명에서 공산주의자들에게 협력했지만, 결국에는 모두 숙청되고 말았다. 공산당의 강한 조직에 대항할 조직을 갖지 못했기 때문이다. 그러다가 1960년대부터 언론의 자유가 많은 미국과 캐나다에서 다시 나타났다.

조직은 그 자체로 불평등한 위계질서

아나키즘의 이론에 따르면, 조직(組織)은 위계질서(位階秩序, hierarchy)를 가지고 있기 때문에 그 자체로 불평등하고 억압적이라는 것이다. 왜냐하면 조직을 장악해 권위(權威)를 가지게 된 권력자들이 폭력을 행사해 개인들을 조종함으로써 결국 소외 상태(疏外狀態)에 빠지게 하기 때문이다.

아나키즘 이론에 따르면, 원래 인간은 협동(協同)과 상호 부조(相互扶助)를 통해 자신의 자연적인 욕망을 조절하면서 자신을 완성시킬 능력을 갖고 있다는 것이다. 하지만 조직의 강제력에 따라야 하기 때문에 어쩔 수 없이 그러한 능력을 발휘하지 못한다. 그러므로 해결 방법은 남에게 명령을 내릴 수 있는 위계질서의 조직을 없애는 것뿐이라는 것이다.

그러한 무지배(無支配)의 사회를 건설하기 위해서는 모든 개인의 마음속에서 의식 혁명이 일어나야 한다는 것이 아나키스트의 주장이다. 그것은 사람들이 조직을 떠나서는 살 수 없다고 생각하는 인습적인 사고방식으로부터 벗어나야 한다는 것이다.

개인의 자발성에 기초한 느슨한 공동체

아나키즘 이론에 따르면, 모든 개인은 그가 속한 공동체의 일을 자발적으로 해낼 의지를 가지고 있다는 것이다. 따라서 개인들에게 무엇을 하라고 지시할 조직이나 지도자가 따로 필요 없다. 권력은 개인이 자주성을 발휘하는 데 방해가 된다는 것이다.

그러한 입장은 미국의 아나키스트인 북친(Bookchin, Murray)의 다음과 같은 말 속에 잘 나타났다. "아나키스트들이 해야 할 일은 관료제, 위계질서, 엘리트가 출현하지 못하게 막는 것이다. 그에 못지않게 중요한 것은 사람들이 태어날 때부터 위계적 사회 질서에서 체질화한 권위주의적이고 엘리트주의적인 성향으로부터 벗어나는 것이다."라고.

이것은 사회 혁명과 개인의 의식 혁명이 동시에 진행되어야 함을 역설한 것이다. "완전한 인간이 있기 위해서는 완전한 사회가 있어야 하고, 자유로운 인간이 있기 위해서는 자유로운 사회가 있어야 하기 때문"이라는 말이었다.

그러므로 아나키스트들에게 중요한 것은 혁명을 통해 권력을 잡는 데 있는 것이 아니라 권력을 없애는 것이었다. 따라서 혁명가들은 국가라는 조직을 없애려다가 또 다른 조직에 얽매여서는 안 된다는 것이었다. 왜냐하면 혁명의 과정(過程)과 혁명의 목표(目標)는 일치해야 하기 때문이다. "자치(自治)의 사회는 자치에 의해 달성되어야 한다."고 북친은 주장했다.

그러므로 아나키스트들이 바라는 이상 세계(理想世界)는 국가들이 사라진 상태에서 수많은 작은 공동체들이 흩어져 있는, 그리고 느슨하게 연결되어 있는 세계였다. 각 공동체는 특정한 일자리가 특정한 사람들에 의해 독점되지 않고 순환제에 따라 서로 돌려 가며 맡게 되는 평등한 사회였다.

아나키즘과 공산주의의 차이

아나키스트들은 국가를 비롯한 모든 조직을 해체하고 개인의 자

발성(voluntarism)과 자연성(spontaneity)에 토대를 둔 사회를 건
설하려고 했다. 그 목적은 궁극적으로는 인간의 해방을 위한 것이
었다.

그러한 혁명을 달성하기 위해서는 잠시나마 조직이 필요했다. 그
러나 모든 조직은 억압적이기 때문에 그 일은 아주 조심스러운 것
이었다. 그러므로 그 조직은 위로부터가 아닌, 밑으로부터 자연스
럽게 발생한 것이어야만 했다. 그러한 조직은 아나키스트들이 건설
하려는 사회와 합치되는 것으로서, 강제력이 없이, 자발적인 협동
에 토대를 두는 것이어야 했다.

20세기 초 프랑스의 소렐(Sorel, Georges)은 노동조합을 그러한
유형의 조직으로 보았다. 그의 혁명 전략은 노동조합을 당분간 유
지하다가 적절한 시기가 찾아오면, 총파업(總罷業)을 일으켜 정부
와 기존 질서를 무력화한다는 것이었다.

소렐은 1907년과 1911년 두 차례에 걸쳐 총파업을 일으키는 데
성공했다. 그러나 그가 일으킨 총파업은 정부를 무너뜨릴 정도로
강력한 것이 못 되었기 때문에 혁명은 실패로 돌아갔다. 그러자 소
렐은 즉시 아나키즘을 포기하고 공산주의자로 전향했다.

2. 신좌파의 역사관

소외의 극복은 '진정한 자기'의 발견으로 시작

아나키즘의 성격을 띤 현대의 급진파로서는 신좌파(the New
Left)가 있었다. 그들은 1960, 70년대에 유럽과 미국 사회를 뒤흔
들어 놓았던 청년 혁명가들로서, 중심 세력은 대학 교육을 받고 유
복한 생활을 하는 백인 청년들이었다.

신좌파라는 명칭은 1959년 영국에서 창간된 〈신좌파〉 잡지로부

터 온 것이다. 하지만 운동으로서의 신좌파는 1962년 미국 대학생 톰 헤이든을 중심으로 선포된 '포트휴런 선언'으로 시작되었다. 그것은 자유자본주의 체제에 대한 항의 선언으로서, 기성 체제에 대한 분노와 좌절감을 소외(疏外, alienation)라는 말로 집약해 놓은 것이었다.

인간의 소외는 각 개인이 기성 체제로부터 주어지는 역할만을 기계적으로 수행해야 하기 때문에 자신의 가치를 찾을 수 없는 불행한 삶이었다. 그것은 개인이 자신의 창조성(創造性)과는 관계가 없이 단지 먹고 살기 위해 직장이라는 기계의 한 부속품이 되었다는 자포자기의 심리 상태였다.

그러한 인간은 '진정한 자기(the authentic self)'가 없는 사람으로서, 마르쿠제(Marcuse, Herbert)의 말을 빌리면 '일차원적인' 인간이었다. 그 때문에 '포트휴런 선언'은 "우리는 인간을 물건의 지위로 떨어뜨리는 비(非)인간화에 반대한다."고 했다.

그러한 현상은 소련의 공산주의 체제에서도 마찬가지라고 생각했다. 자유주의와 공산주의의 두 체제는 똑같이 관료화되어 개인 생활을 철저히 통제하고 있었기 때문이다.

그러므로 소외의 문제를 해결하기 위해서 신좌파들이 내건 구호는 우선 각 개인이 "자기 자신의 일을 하라."(Do Your Own Things)는 것이었다. 그것은 개인의 자주성(自主性)을 최고의 가치로 여기는 자유 지상주의(libertarianism)의 표현인 동시에 권위와 강제력을 거부하는 아나키즘의 표현이었다.

근대 부르주아적 가치를 거부

신좌파 청년들은 개인을 소외의 상태로 몰고 간 근본 원인은 근대화의 산물인 기술(technology)과 산업(industry)으로 보았다.

그러한 의미에서 그들은 근대 사회의 굴레로부터 벗어나려는 탈(脫)근대주의자들(post-moderns)이었다.

기술과 산업은 경제적 번영을 가져다준 것처럼 보이지만, 실제로는 모든 사회악(社會惡)의 근원이라는 것이었다. 비인간화, 상업주의, 관료화, 대형화, 조직화, 순응, 계층 분화, 개인의 고정된 역할, 위계질서, 능률에 따른 인간 평가와 같은 사회악들은 모두 기술과 산업으로부터 온 것들이라는 주장이었다.

그러므로 인간이 개성(個性)이 있고 자연스럽게 되기 위해서는 복잡한 도시 산업 사회를 벗어나 소박한 농촌 농업 사회로 되돌아가야 한다는 것이었다. 바꾸어 말하면, 모두가 가난해져야 한다는 것이었다. 소비 지상주의가 지배하고 있는 한, 부자 이외에는 어느 누구도 자신의 생활 스타일을 선택할 자유를 갖지 못하기 때문이라는 것이었다.

중세 가톨릭적 청빈을 예찬

그것은 중세 유럽의 전근대적(前近代的)인 생활 방식으로 되돌아가야 한다는 주장이었다. 따라서 신좌파의 주장은 청빈(淸貧)의 미덕을 찬양하고 부르주아 계급의 근로 윤리(勤勞倫理, work ethic)를 경멸하는 중세의 봉건 귀족들과 가톨릭 교회 신부들을 연상시키는 발상이었다.

그러므로 신좌파들은 '진정한 자기'를 찾기 위해 명상, 채식, 금식을 통한 깨달음의 신비를 강조하는 인도의 선(禪) 불교와 힌두교에 관심을 갖기도 했다. 더 나아가, 그들은 원시 시대의 본능(本能)주의적인 성향이나 고대·중세의 신비(神祕)주의적, 낭만(浪漫)주의적인 성향을 보이기도 했다.

'진정한 자기'를 발견하기 위한 또 다른 수단으로 신좌파들은 마리화나를 비롯한 마약에 주목하였다. 마약은 맨정신으로는 의식하기 어려운 인간의 깊은 내면(內面)을 확인하는 방법으로 생각되었다. 그래서 그들은 마약을 강조하는 하버드 대학의 심리학 교수 티머시 리어리(Timothy Leary)의 목소리에 귀를 기울였다.

목가적 공동체의 실험

'진정한 자기'를 찾기 위해 "땅으로 돌아가라."는 신좌파들의 구호는 작은 농촌 공동체(commune) 건설 붐을 일으켰다. 그 절정의 시기는 1967년이었다.

그들이 꿈꾼 공동체는 중세 유럽의 농촌 장원이나 도시 '코뮨'을 연상시키는 작은 것이었다. 그것은 농경지에 둘러싸인 작고 아름다운 자급자족적인 '타운'이었다. 구성원은 모두가 서로 잘 알 수 있을 정도의 적은 숫자였다.

일이 끝나면 저녁에 모두 모여 공동의 문제들에 대해 논의하였다. 공식적인 절차도, 지도자도 없었다. 토론의 요지(要旨)를 기록할 총무는 회의가 열릴 때마다 추첨(抽籤)이나 윤번제(輪番制)로 선출하였다.

모든 결정은 완전 합의(完全合意)로 이루어졌기 때문에 공동체는 참여 민주주의(participatory democracy)의 원리에 따라 운영되었다. 모든 재산과 소득은 공동 소유였다.

공동체의 주목적은 소외 상태의 극복이었으므로 구성원들 사이의 친밀성(親密性)을 가장 중요시했다. 구성원 모두가 가족의 일원으로 느끼고 따돌림을 당하지 않아야 했다.

그러므로 공동체는 자유와 평등보다는 사랑(love)에 토대를 두려고 했다. 최고의 친밀성은 이성 관계(異性關係)로부터 온다고 생각되었기 때문에 '집단 성행위(group sex)'나 '집단혼'(集團婚, group marriage)이 중요하게 떠올랐다.

히피 문화의 확산

그러한 실험 공동체(實驗共同體)들은 유럽과 미국에서 상당히 많이 나타났다. 농촌 코뮌도 있었고 도시 코뮌도 있었다. 그러나 대부분은 1,2년 이상 지속되지 못했다. 그러나 그들의 히피(hippie) 문화는 공동체 밖의 큰 사회로 확산되기 시작했다.

'히피'는 기성 체제의 생활 방식과는 전혀 다른 새로운 '생활 스타일'을 가지고 살기 위해 기성 사회를 '이탈'(drop-out)한 혁명가들이었다. 그들은 직업 혁명가들이 지하로 숨어드는 것과 같이 자기 이름을 바꾸고 기존의 인간관계를 완전히 끊었다. 그러고는 낯선 곳으로 옮겨 가서 자신의 생활 스타일에 따라 살 공동체(共同體)를 찾았다.

히피들의 '대항 문화(對抗文化)'는 1969년의 '우드스톡 축제'에서 분명하게 드러났다. 뉴욕주의 한 농촌에서 열린 '록 음악' 축제에 30만 명의 '히피' 성향을 띤 청년들이 모여들어 기성세대를 놀라게 했다. 그들은 자신들이 부모 세대와는 다른 생활 방식을 가진 '우드스톡 국민'(the Woodstock Nation)이라고 생각했다.

'히피'들은 기성 체제(旣成體制)를 떠나는 방식으로 저항한 혁명가들이었다. 그들의 혁명은 문화적인 것이었고, 싸움터는 문화 영역이었다. 그들은 사랑으로 기성 사회를 변혁하려 한다는 의미에서 자신들을 '꽃세력'(the flower power)으로 불렀다. 그 세력의 상징적인 중심지는 샌프란시스코의 헤이트애시버리 거리였다.

후진국 혁명가들이 선진국 좌파들의 스승이 되다

그러나 베트남 전쟁이 격렬해진 1964~1968년에 오게 되면, 히피적이었던 신좌파는 폭력적인 직업 혁명가(職業革命家)로 바뀌었다. 모든 관심이 반전 운동(反戰運動)으로 쏠렸기 때문이다.

그에 따라 미국의 신좌파들에게서는 마오쩌둥, 호치민, 체게바라, 프란츠 파농 같은 제3세계의 혁명가들이 인기를 끌었다. 스탈린과의 싸움에서 패배한 트로츠키도 그들의 영웅이었다. 선진국의 혁명가들이 후진국의 혁명가들을 배우려고 하는 기이한 현상이 나타난 것이다.

그에 따라 '일기예보자들'(the Weathermen), '검은표범당'(the Black Panther Party)과 같은 과격한 조직이 탄생했다.

그들은 미국 군인들에 대항해 싸우고 있는 베트남 공산주의자들을 지지하는 반역(反逆)의 태도를 보이기도 했다. '포트휴런 선언'을 주도한 학생 톰 헤이든, 그리고 보스턴 대학 역사학 교수 하워드 진(Howard Zinn)은 공산주의자들을 격려하기 위해 하노이를 방문하기도 했다.

혁명가로 변신한 나약한 '베이비 붐 세대'

그렇다면 선진국의 유복한 중산 계급 가정 출신의 백인 청년들이 왜 이렇게 바뀌었을까?

그 회답의 하나는 그들이 1946~1963년간에 태어난 '베이비 붐'(Baby Boom) 세대였다는 사실에 있다. 그 세대는 모성애(母性愛)를 강조하는 스폭(Spock, Benjamin) 박사의 육아법(育兒法)에 따라 자랐다.

그것은 부모의 지나친 보호 밑에서 고생을 모르고 자란 유복한 세대라는 의미였다. 그 때문에 그들은 대공황과 제2차 세계대전의 격동을 겪은 부모 세대와는 달리 나약했다.

그들의 대부분은 대학생으로 돈을 벌 필요가 없는 대학촌의 유한 계급(有閑階級)이었다. 책임감이 없었기 때문에 그들은 자유롭게 개성을 드러내고 불만을 터뜨렸다.

여기에 덧붙여 그들은 청년기에 흔히 가질 수 있는 '죄의식(罪意識)'에 사로잡혀 있었다. 그것은 예일 대학의 어느 백인 여학생의 경우에서 잘 나타난다. 그녀는 백인들이 흑인들에게 저지른 차별과 학대에 대해 괴로워하던 나머지, 흑인에 대한 죗값을 조금이마나 치른다는 마음에서 흑인 남성과 결혼해 주었던 것이다.

동시에 백인 청년들은 취업난 때문에 미래에 대한 불안감도 있었다. 1965년에 미국 대학생 수효는 역사상 최대의 숫자인 550만으로 크게 늘었는데, 이것은 20세 전후의 청년 절반이 대학생이었음을 보여 주고 있었다.

반전 운동에서 존재감을 찾다

안락한 환경에서 무미건조한 생활을 하고 있던 백인 학생들에게 흥분을 가져다준 것은 흑인들의 격렬한 민권 운동(民權運動)이었다. 그들은 흑인들의 연좌 시위에 가담해 주면서 흑인 학생들을 정의의 투사로 존경하게 되었고, 동시에 자신들의 존재감(存在感)도 확인했다. 그들은 한국(4·19), 베네수엘라, 터키에서 학생들이 시위를 통해 정부를 무너뜨린 사실을 신비롭게 느꼈다.

그러나 백인 청년들의 존재감을 확인해 준 것은 베트남 전쟁에 대한 반전 운동(反戰運動)이었다. 그것을 계기로 백인 학생들은 자신들이 급진주의 운동의 중심부에 서 있다는 자부심을 가지게 되었다.

반전 운동은 대학생들의 이해관계와도 직접 관련이 있었다. 1966년의 병역법이 개정됨에 따라 대학생들이 징집 연기의 혜택을 잃게 되어 베트남 전선에도 파견될 수 있게 되었기 때문이다. 그러자 대학생들은 전쟁을 개인적인 위험으로 보게 되었다.

문화 혁명으로 달라진 미국

그러나 베트남 전쟁이 끝나면서 백인 학생 운동은 또다시 행동 목표를 잃게 되었다. 그에 따라 1970년대 중반부터 그것은 정치적인 무대에서 급속히 사라져 갔다.

그러나 그들은 미국 사회에 아주 중요한 흔적을 남겨 놓았다. 부르주아적이고 청교도적인 기성 체제의 생활 방식을 대신할 대안적(代案的) 생활 방식을 제시한 것이다. 그것은 '대항 문화'(counterculture)로 불리는 '히피적인' 생활 방식이었다.

그것은 미국인들의 전통적인 생활 방식을 바꾸는 문화 혁명(Cultural Revolution)의 토대가 되었다. 그들은 지난 수백 년 동안 서양의 근대 문명이 표방해 온 '근대적인 것'(modernity)을 거부하고 그 대안을 제시하는 데 성공했던 것이다.

'탈근대적인'(post-modern) 문화 혁명의 진전으로 자유주의적이고 자본주의적인 미국 사회는 크게 바뀌게 되었다. 자유로운 성생활, 마약, '록' 음악이 퍼졌다. 흑인, 히스패닉, 여성 운동가, 동성연애자 같은 소수 세력(少數勢力)에 대한 배려도 커졌다. 환경 운동가들에 대한 관심도 불러일으켰다.

공화국에서 민주국으로 바뀐 미국

그러한 변화의 과정에서 신좌파들은 정치권력(政治權力)을 얻는 행운도 가졌다. 왜냐하면 그들은 지금까지 소수 세력이었던 흑인, 히스패닉, 여성과 같은 비주류(非主流) 세력의 정치적 지지를 얻게 되었기 때문이다.

이제 미국은 그들의 지지를 얻지 않고는 집권이 불가능한 사회로 바뀌어 있었다. 즉, 미국 사회는 1980년대 이후 유럽인, 흑인, 히스패닉, 인디언, 아시아인의 5개 인종의 문화로 이루어진 다문화주의 (multiculturalism)의 다민족 국가로 바뀌었던 것이다.

그에 따라 중산 계급의 나라인 아메리카 공화국(American Republic)은 하층민의 나라인 아메리카 민주국(American Democracy)이 되었다.

이제 미국은 더 이상 동일한 언어, 동일한 생활 방식을 가진 국민 국가(nation-state)가 아니었다. 그것은 여러 다양한 생활 방식과 다양한 언어를 가진 인종들과 민족들의 집합체인 아메리카 제국 (American empire)이었다.

그러한 제국(帝國)에 대해 과거 아메리카 공화국(共和國) 시민의 후예로 자처하는 보수적인 백인들이 반발할 것은 당연했다. 그것이 2016년 대통령 선거에서 나타난 '트럼프 선풍'이었다.

제7장 보수의 관점에서 보는 역사

어떤 이데올로기든 기존 질서(旣存秩序)를 옹호하게 되면 보수주의로 불릴 수 있다. 그럼에도 불구하고 보수주의의 원형(原型)은 중세 유럽의 봉건적 질서를 정당화한 '유기체론적(有機體論的) 보수주의'에서 발견된다. 오늘날 그러한 잔재는 영국, 일본 같은 군주국이나 중동 지역 국가들에 남아 있다.

1. 봉건주의의 역사관

분업이 가져온 계급 분화

자유민주주의가 널리 퍼진 오늘날에도 세계에는 불평등하고 세습적인 신분제(身分制)에 토대를 둔 전근대적(前近代的)인 사회들이 많다. 그러한 사회를 정당화하는 이데올로기가 유기체론적 보수주의(organic conservatism)인데, 서양의 경우에 그 뿌리는 중세의 봉건 사회로 거슬러 올라간다.

원시 시대에 인간의 신체적 조건은 다른 동물과는 달라서 혼자서 먹을 것을 마련하기에 적합하지 않았다. 그 때문에 인간은 무리를 지어 사회(社會)를 이루고 일을 분담하게 되었다. 그들은 자연을 정복할 도구(道具)와 적을 물리칠 무기(武器)를 만들었다.

분업(分業) 때문에 인간의 생산력은 커지게 되었다. 그러나 분업은 사회 구성원들의 역할을 다르게 함으로써 불평등(不平等)을 가져왔다. 도구가 발달하면 할수록 분업은 더욱더 심해지고 생산성이 높아졌다. 그에 따라, 노동을 하지 않는 유한계급(有閑階級)과 지식계급(知識階級)이 나타났다.

동시에 노예(奴隸)의 존재가 당연하게 받아들여졌다. 고대 그리스의 철학자인 플라톤과 아리스토텔레스도 인간 가운데는 태어날 때부터 노예가 될 열등한 사람과 주인이 될 우수한 사람이 있음을 인정했다.

그러나 노예 제도는 문명 발전을 가로막는 비생산적(非生産的)인 제도였다. 노예들이 우수한 도구를 가지게 되면 반란을 일으킬 위험이 있으므로 주인들이 그들에게 고급 기술을 알려 주지 않았기 때문이다. 그에 따라 경제는 침체 상태에 놓이게 되었다.

중세 유럽의 세습적 신분제

그러므로 중세의 봉건 사회는 생산성을 높이기 위해 불평등을 어느 정도 완화시킬 수밖에 없었다. 그렇게 해서 나온 것이 농노(農奴) 제도였다. 그에 따라 농노를 최하층으로 하여 장원(莊園)이라는 농촌 조직이 형성되고, 그것을 토대로 거대한 봉건 사회의 위계질서가 형성되었다.

농노들은 영주(領主)의 지배를 받고 농토를 경작할 의무가 있었다. 그리고 생산물의 일부와 여러 종류의 노동을 영주에게 제공할 의무가 있었다. 농노들은 그와 같은 의무로부터 영원히 벗어나지 못한 채 영주의 땅에 묶여 있는 예속적인 존재였다.

하지만 농노의 지위는 농토로부터 함부로 내쫓기지 않을 정도로 노예보다는 약간 높았다. 그 때문에 농노제 사회에서는 고대의 노예제 사회에서보다 반란의 위험이 적었다.

장원제를 토대로 상류층의 봉건 사회가 세워졌는데, 그것도 상호 의무와 보호의 계약 관계였다. 낮은 지위의 영주(귀족)는 더 높은 지위의 영주에 충성하고 그로부터 보호를 받는 주종 관계(主從關係)를 맺고 있었다. 그와 같은 관계는 피라미드처럼 위로 계속되어 맨 꼭대기인 왕(王)에 이르렀다.

영주 가운데는 가톨릭 교회의 주교, 수도원장과 같은 성직자들도 있었다. 그들도 자작, 백작과 같은 세속 영주들처럼 지배 계급(支配階級)으로서 장원의 농노들을 지배했다. 이들 성직자 영주들은 농노들을 정신적으로 지배할 의무와 함께 로마 교황에 대해 충성할 의무도 있었다.

중세 봉건 사회는 지방 분권 체제였다. 그 때문에 영지(領地) 안에서 일어나는 분쟁은 그전부터 내려오는 영지 내부의 관습(慣習)과 전통(傳統)에 따라 처리되었다. 그러므로 중세 사회에서는 법이 아닌 인습주의(因襲主義)가 지배했다. 그에 따라 각 개인의 신분도 자손들에게 세습되었다.

신분제에 대한 중세 가톨릭적 설명

중세의 봉건 사회가 안정을 유지하기 위해서는 위계질서를 정당화하는 이데올로기가 필요했다. 그것은 가톨릭 교회의 공동체 윤리(corporate ethic)였다.

그것은 사회를 하나의 커다란 가정으로 보는 가부장적 윤리(家父長的倫理, paternalist ethic)였다. 이 윤리에 따르면, 권력자는 아버지로서 대중을 자녀처럼 돌보아야 하고, 대중은 자녀로서 아버지인 권력자들에게 순종해야 한다는 것이었다.

그것은 일찍이 구약 시대의 유대인들로부터 내려온 전통이었다. 고대의 유대인들은 자신들을 신(神)의 자녀들로 보고 그들 사이의 관계를 형제 관계로 생각했다.

그러므로 그들의 가장 중요한 의무는 가난한 형제에 대한 구제

(救濟)였다. 그 때문에 그들의 율법(律法)은 인간을 도덕적으로 평가하여 이웃 형제들을 돕는 '선한 사람'과 그렇지 않은 '악한 사람'으로 구분했다. 그러한 모세의 전통은 신약 시대에 예수의 가르침으로 이어졌다.

가부장적 윤리는 중세 유럽 사회 전반에 걸쳐 퍼져 나가 불평등한 신분제(身分制)를 자연스러운 질서라고 정당화해 주었다. 즉, 모든 개인은 신의 섭리(攝理)에 따라 태어날 때의 지위를 받아들여야 한다는 주장이었다. 결과적으로 그것은 불평등한 분업(分業)의 관계를 정당화했다.

영국의 신학자 솔즈베리의 요한에 따르면, 사람의 몸은 머리, 가슴, 다리, 발 등으로 나뉘어 각자의 역할을 담당하는데, 중요한 것은 신체의 각 부분이 다른 부분을 부러워하지 않는다는 사실이다. 인간 사회의 신분들도 그렇다는 것이다.

이러한 공동체 윤리는 신분제의 위계질서를 옹호함으로써 사회 안정을 유지하는 데는 크게 기여했다. 그것의 생명력은 가톨릭 교회 조직이 1천 년 이상 유지되어 온 사실로 증명이 되었다. 그에 따라 사회 조직을 인간의 몸과 같은 것으로 보는 유기체론적인 (organic) 사회관(社會觀)과 역사관(歷史觀)도 지금까지 보수주의 이론의 중요한 부분의 하나로 남게 되었다.

2. 현대 보수주의의 역사관

유기체론적 사회관

중세의 유기체론적 사회관은 근대에 와서도 쓸모가 있었다. 그것은 영국의 버크(Burke, Edmund)가 1789년의 프랑스 혁명을 비판하면서 다시 등장했다. 그 때문에 그것은 버크적 보수주의 또는 고전적 보수주의로 불렸다.

유기체론적 보수주의에 따르면, 사회(社會)는 개인들에 의해 조직된 것이 아니라 그 이전에 이미 형성되어 있는 하나의 실체(entity)라는 것이다. 따라서 사회는 그 속에서 잠시 살다가 사라지는 개인들과는 관계없이 존재하는 독립된 기관(organ)으로서 그 나름의 목표를 가진다는 것이다. 그 때문에 개인은 사회의 한 부분에 지나지 않는다는 것이다.

게다가 사회는 여러 세대에 걸쳐 발전해 오는 동안 축적된 문화(文化)와 지혜(智慧)를 가지고 있다는 것이다. 그리고 그러한 문화와 지혜는 개인들에게 교훈을 줌으로써 개인들의 문명화(文明化)에 도움이 된다는 것이다.

유기체론적 보수주의에 따르면, 인간은 태어날 때부터 이기적이고 비합리적인 원죄(原罪)를 가진 존재라는 것이다. 이처럼 악(惡)이 지배하는 상황에서도 인간이 질서와 문명성(文明性, civility)을 유지할 수 있었던 것은 과거로부터 내려오는 훌륭한 지침(指針)이 있었기 때문이라는 것이다.

사회는 현재 살고 있는 사람들만의 것이 아니다

이와 같은 지침들은 그 사회가 오랫동안 거치면서 형성된 것들이다. 그 때문에 과거(過去)에 죽은 사람들, 현재(現在)에 살고 있는 사람들, 그리고 미래(未來)에 태어날 사람들 사이에는 일종의 협력관계(協力關係)가 생긴다는 것이 유기체론적 보수주의자들의 주장이다. 그러므로 현재의 사람들은 과거로부터 유익한 지침들을 찾아 활용하고 수정할 의무가 있다는 것이다.

인간에게 변화는 회피할 수 없는 것이므로 변하기는 해야 한다. 하지만 변화는 과거, 현재, 미래를 잇는 연결선(連結線)에서 벗어나서는 안 된다는 것이다.

변화의 지침(指針)도 경험 없는 지식인들이나 혁명가들의 탁상공론(卓上空論)에서 나와서는 안 된다는 것이다. 왜냐하면 이미 성공적이라는 것이 증명된 과거의 원리들만이 변화의 지침이 될 수 있기 때문이다.

그러한 원리들을 가리켜 미국의 언론인 리프먼(Lippman, Walter)은 '공공 철학(公共哲學)'이라고 불렀다. 그것은 인간을 문명성(文明性, civility)의 방향으로 이끌 수 있고 따라서 모든 사람이 따를 수 있는 도덕적이고 초월적인 원리들이어야 했다. 그러므로 어떤 원리도 모두 일리가 있다고 주장하는 상대주의적, 허무주의적인 사고방식은 맞지 않는다는 것이었다.

'가능한 것'과 '불가능한 것'이 구별되어야

리프먼에 따르면, 그러한 지침이 될 공공 철학을 찾기 위해서는 우선 현실주의적(現實主義的)인 감각을 가져야 한다는 것이다. 왜냐하면 인간의 조건에는 이 지상에서 달성이 가능한 것도 있지만, 단지 희망으로만 끝나는 것도 있기 때문이다.

그런데도 이상주의자인 혁명가(革命家)들은 그러한 사실을 알지 못하고 지상에서 완전한 사회, 즉 '유토피아'를 건설하려는 황당무계(荒唐無稽)한 꿈을 가지고 있다는 것이다. 그러므로 현실적으로 불가능한 것을 실현하려는 혁명 운동은 사회를 더욱더 극심한 갈등과 혼란의 상태에 빠지게 한다는 것이다.

"그들이 세상을 천국(天國)으로 만들려고 노력하면 할수록 그들은 더욱더 그것을 지옥(地獄)으로 만들고 있다."고 리프먼은 개탄을 했다.

리프먼에 따르면, 인간이 문명 상태를 유지하기 위해서는 인간의 조건 가운데서 가능한 영역과 불가능한 영역을 구분할 수 있는 현실주의적인 지도자가 필요하다는 것이다. 그러한 지도자는 일반 대중을 현실적인 방향으로 이끌고 갈 도덕적(道德的)인 안목과 공익적(公益的)인 감각을 가져야 한다는 것이다.

그런데 오늘날 그러한 자질을 가진 엘리트는 별로 없고, 선동가들만이 난무하는 것이 큰 문제라는 것이 리프먼의 생각이었다.

권위가 있어야만 질서가 유지된다

리프먼과 같은 현대의 유기체론적 보수주의자들에 따르면, 인간에게 가장 필요한 것은 권위(權威)였다. 권위를 받아들여만 질서(秩序)가 있고, 질서가 유지되어야만 자유(自由)도 존재하기 때문이다. 그러나 이러한 사실을 모르는 혁명가들은 권위를 무너뜨리려고만 한다는 것이다.

그래서 피터 비레크(Peter Viereck)는 자유를 '추상적인 자유'(freedom)와 '구체적인 자유'(liberties)로 나누어 설명했다. '추상적인 자유'를 추구하면 결국은 나치 독일에서처럼 전체주의라는 쇠사슬에 묶이고 만다는 것이다.

그러나 '구체적인 자유'를 추구하면 역사적 계속성(繼續性)이 있는 '시민적 자유(civil liberties)'를 얻게 된다는 것이다. '시민적 자유'는 시민들이 질서와 지도(guidance)의 필요성을 인정하는 시민 공동의 자유이다. 그러한 자유는 인간이 자유롭게 되기 위해서는 그의 욕망을 억제해야 한다는 생각에 토대를 두고 있다는 것이다.

자유는 억제가 있을 때 누릴 수 있는 것

이렇게 보면, 자유는 억제(抑制)가 없는 상태가 아니라 오히려 억제가 있는 상태이다. 그러나 유기체론적 보수주의자들에 따르면,

그러한 억제는 실제에는 있어서는 억제가 아니라는 것이다. 왜냐하면 억제는 사람들이 저급한 본능에 빠지는 것을 막아 줌으로써 창조력(創造力)을 발휘하도록 돕기 때문이다.

그렇게 자유를 유지하도록 권위(權威)를 뒷받침해 주는 중요한 제도의 하나가 사유 재산(私有財産)이라는 것이 유기체론적 보수주의자들의 주장이다. 왜냐하면 재산이야말로 개인에게 독립성(獨立性)을 보장해 주기 때문이다.

이러한 점에서 본다면, 유기체론적 보수주의는 대중에게는 인기가 없는 이데올로기이다. 따라서 오늘날의 민주주의 사회에서는 그것을 주장해 권력을 잡기란 사실상 불가능하다.

그럼에도 불구하고 그것은 자유, 평등, 참여라는 민주주의의 원리가 무한정 주장되는 현대 사회에 제동을 걸 수 있는 균형추가 될 수 있다. 오늘날의 민주주의에서 보완이 요구되는 요소는 유기체론적 보수주의가 강조하는 질서, 권위, 엘리트의 필요성이기 때문이다.

제8장 종교의 관점에서 보는 역사

새뮤얼 헌팅턴(S.Huntington)은 《문명의 충돌》에서 인간의 생활 방식(way of life), 즉 문명은 주로 종교(宗敎)에 의해서 결정된다고 주장했다. 그렇다고 한다면, 진보좌파 세력과 친근한 종교가 있는가 하면, 보수우파 세력과 친근한 종교가 있게 마련이다.

1. 가톨릭적 역사관

가부장적 공동체 윤리

지금까지 로마 가톨릭 교회 조직은 1천 년 이상 유지되어 오고 있다. 그 사실 하나만으로도 그 조직의 많은 장점을 인정하게 된다. 그 하나는 고대 유대교에서 시작되어 중세 유럽에서 체계를 갖추게 된 공동체 윤리(共同體倫理)였다.

구약성서에 따르면, 유대 민족은 여호와 신과 특별한 계약을 맺은 '선택된' 백성이라는 것이다. 따라서 유대인들은 모세의 율법으로 표현된 신의 뜻을 실천하면 신이 그들을 특별히 돌보아 준다는 언약(言約)이 있었다는 것이다.

유대인들은 그 언약을 토대로 하나의 공동체 의식을 형성했다. 그것의 핵심 사상은 그들은 한 형제로서 가난한 이웃의 구제를 가장 중요한 의무로 생각해야 한다는 것이었다. 그것은 마치 가정에서 아버지가 자식을 돌보듯, 부자는 가난한 자를 돌볼 의무가 있다는 것과 같은 생각이었다.

　그와 같은 가부장적(家父長的) 공동체 윤리는 신약 성경에서도 이어졌다. 〈마태복음〉과 〈마가복음〉에서도 예수가 부자들을 향해 가난한 형제들에게 어버이처럼 사랑과 자비를 베풀 것을 촉구하는 내용이 나타나고 있는 것이다.

　〈누가복음〉에서 그러한 공동체 윤리는 부자에 대한 극도의 증오로 나타나기도 했다. "화 있을진저, 너희 부자들아! 화 있을진저, 너희 배부른 자들아! 너희가 배고플 것이다. 화 있을진저, 지금 웃는 자들아! 너희가 슬피 울 것이다."

　중세 유럽에 이르러 로마 가톨릭 교회가 유럽을 정신적으로 지배하게 되자, 가부장적 공동체 윤리는 인간의 탐욕을 억제하는 강제력(强制力)으로도 작용했다.

　재물은 천국에 들어가는 데 방해가 되며, 따라서 사회 전체의 공동선(共同善)을 위해 쓰일 때만 도덕적인 정당성(正當性)을 가진다는 생각이 사회를 지배했기 때문이다. 그리고 부자의 재물이 사랑을 베풀기 위해 쓰이지 않고 개인의 만족을 위해서만 사용되는 경우에 그는 도둑으로 생각되었기 때문이다.

축재에 대한 혐오, 청빈에 대한 예찬

　중세 유럽의 가톨릭 교회와 수도원에는 많은 재산이 있었다. 사람들이 죽을 때 영혼의 구원을 얻기 위해 기증하는 일이 많았기 때문이다. 교회와 수도원은 거기서 나온 수입으로 죽은 자의 기일(忌日)에 미사를 올려 주었다. 미사가 끝나면 가난한 자들에게 빵을 나누어 주는 구제(救濟) 행사를 했다.

　그러나 기증된 재산은 잘 관리되지 못하는 경우가 많았다. 투자하는 방법을 몰랐기 때문이다. 설사 그러한 방법을 찾았다 하더라도 로마 가톨릭 교회는 그것을 금지했다. 돈을 빌려 주고 이자를 받는 대금업(貸金業)은 부도덕한 것으로 생각되었기 때문이다.

그러한 가톨릭적인 재부관(財富觀)은 당시 영국의 고리대금 금지법에서 잘 나타났다. 그것에 따르면, 고리대금은 탐욕스럽고 무자비한 인간들의 마음속에 들어 있는 가장 무서운 악(惡)이며, 따라서 하나님의 말씀으로 금지된 것이었다.

그러나 인간 욕망의 뿌리는 완전히 부정될 수는 없었기 때문에 로마 가톨릭 교회는 상거래에서 약간의 이익을 인정했다. 그것이 '정당 가격'이었다.

중세 유럽이 이처럼 돈을 천시했음에도 불구하고 돈에 대한 욕구는 계속 커져 갔다. 돈은 귀족들에게 사회적인 위신을 주고, 부르주아 계급에게 신분 상승의 기회를 주고, 농노들에게는 자유인이 될 기회를 주는 유용한 수단이었기 때문이다.

노동 계급 편에 서게 된 가톨릭 교회

그러나 18세기 말에 산업 혁명과 프랑스 혁명이 진행되면서 부르주아 계급이 새로운 지배 계급으로 떠오르게 되었다. 그들은 주로 상인들과 자본가들이었기 때문에 재부(財富)의 축적을 당연하게 보았다.

그러나 전통과 인습주의에 매달린 로마 가톨릭 교회와 귀족 계급은 새로이 등장한 자본주의 경제 체제에 제대로 적응하지 못했다. 그에 따라 그들은 변화와 진보에 반대하는 보수 반동 세력이 되어 수세에 몰리는 지경에 이르렀다.

그러나 19세기 말 로마 가톨릭 교회는 로마 교황 레오 13세의 등장으로 새로운 전기(轉機)를 맞았다. 로마 가톨릭 교회는 계급 투쟁에서 부르주아 계급에 대항해 노동 계급의 편을 들기 시작했기 때문이다.

그렇게 변화된 입장이 기독교 사회주의(社會主義)였다. 그러나 그것은 폭력 혁명에 호소하는 공산주의가 아니라 점진적 개혁에 호소하는 사회주의 이념이었다.

그러나 현대의 가톨릭 신부들 중에는 1968년의 파리 5월 혁명에 가담하는 급진파도 있었다. 1980년대의 라틴아메리카에서처럼 좌익 게릴라 단체에서 활동하는 경우도 있었다.

그러나 로마 교황청 중심의 전체 가톨릭 교회 조직은 중세부터 내려오는 가부장적 공동체 윤리의 전통을 벗어나지 않았다. 그것이 가톨릭 교회 조직을 천 년 이상 유지하게 만든 비결이었다.

2. 프로테스탄트적 역사관

종교적 개인주의의 대두

중세 유럽의 말기에 이르면 로마 가톨릭 교회 안에서도 세속적 타락의 징조가 적지 않게 나타났다. 그 가운데서 가장 두드러졌던 것이 종교 개혁의 직접적인 원인이 된 면벌부(免罰符: 免罪符)의 판매였다.

면벌부는 교회가 신도의 벌을 일부 면제해 주는 제도로서, 원래는 교회에 기부하는 사람들과 십자군 원정을 떠나는 군인들에게 주던 혜택이었다. 그러나 르네상스 시대에 이르러 교회가 부패하면서 교황들이 교황청의 재정을 충당하기 위해 면벌부를 파는 경우도 있었던 것이다.

1517년, 독일의 신학 교수 루터(Luther, Martin: 1483~1546)가 면벌부의 정당성을 부정함으로써 종교 개혁(宗敎改革)이 시작되었다. 그는 일반 신도가 영혼의 구원을 얻으려면 교회 사제의 도움 대신 개인(個人)의 신앙이 필요하다고 주장했다.

한 걸음 더 나아가, 그는 신 앞에서는 사제나 평신도나 모두 평등하므로 '각자가 자기의 사제(司祭)'라고까지 주장했다. 그것은 사제와 교회의 필요성을 부정한 종교적 개인주의로서, 로마 가톨릭 교회에 대한 정면 도전이었다.

루터의 종교 개혁은 새로운 프로테스탄트 교회를 탄생시켰다. 그 때문에 중세 유럽의 종교적 통일이 깨지고 말았다.

세속적 성공을 예찬한 칼뱅주의

프로테스탄트 교회는 로마 가톨릭 교회의 가부장적 공동체 윤리를 대신할 새로운 윤리를 제시했다. 그것은 근대의 개인주의 철학과 자본주의 경제 체제에 맞는 윤리였다.

프로테스탄트 교회는 종교적 개인주의(個人主義)에 토대를 두고 있었다. 그것은 각 개인이 영혼의 구원을 얻기 위해서는 성서 읽기와 기도를 통해 신과 직접 소통해야 한다는 생각이었다.

프로테스탄트 교회는 많은 교파들로 이루어졌지만, 그 가운데서도 신흥 부르주아 계급의 이해관계와 가장 잘 맞았던 것은 칼뱅파(Calvinist)였다. 칼뱅은 프랑스 사람이었지만 스위스의 제네바에서 활동했다.

칼뱅의 신학에서는 '예정론(豫定論)'이 중요했다. 그것에 따르면, 개인의 영적 구원 여부는 신에 의해 미리 예정되어 있다는 것이다. 그리고 신에 의해 미리 선택되는 은총을 입은 사람은 신이 그에게 맡긴 일을 잘 수행함으로써 은혜에 보답해야 한다는 것이다. 보답은 주로 자기 직업에서 성공함을 의미했다.

이처럼 세속적 성공(成功)이 신의 구원(救援) 예정을 확인해 주는 증거가 되었으므로, 칼뱅파 신도들은 성공하려고 애썼다. 그에 따라 성공에 필요한 근면, 절약, 금욕과 같은 청교도적 윤리를 강조하게 되었다. 그러한 윤리는 새롭게 떠오르던 부르주아 계급의 생활 방식과 맞는 것이었다.

자본주의 정신과 상통하는 개신교 윤리

이러한 역사적 현상을 설명하기 위해 20세기 초에 독일의 사회학자 베버(Weber, Max)는 〈프로테스탄티즘의 윤리와 자본주의 정신〉을 썼다. 그 책의 중심적인 내용은 재물의 축적을 신의 축복으로 생각하는 칼뱅주의자들의 생활 방식이 근대 자본주의의 발달을 도왔다는 것이었다.

그것을 증명하는 대표적인 경우로 베버는 미국을 꼽았다. 미국을 세운 사람들은 주로 잉글랜드의 칼뱅주의자들인 청교도들(Puritans)과 스코틀랜드의 칼뱅주의자들인 장로교도들(Presbyterians)이었다. 그러한 현상은 영국, 네덜란드, 덴마크와 같은 프로테스탄트 국가들의 번영에서도 나타났다는 것이다.

그 때문에 칼뱅이슴은 기업가와 노동자의 갈등 관계에서 기업가의 편을 드는 경우가 많았다. 그에 따라 정치적으로는 보수우파로 분류되는 경우가 많았다.

프로테스탄트 교회 안에도 가톨릭 교회에서처럼 기독교 사회주의자들이 있기는 했지만 그것은 소수 세력이었다.

3. 이슬람적 역사관

정교일치의 이슬람 사회

이슬람교는 예언자 무함마드가 610년 메카 교외의 동굴에서 알라 신으로부터 첫 계시(啓示)를 받은 후 중세 아랍 지역에서 번창하기 시작한 종교였다. 무함마드는 이슬람 국가 사회의 기초가 되는 신앙 공동체(움마)를 세웠는데, 그것은 국가(國家)와 종교(宗敎)가 결합된 것이었다. 그러므로 그 수장인 칼리프는 종교의 최고 지도자인 동시에 국가의 원수였다.

오늘날 이슬람 교도들은 소수파인 시아파와 다수파인 수니파로 갈라져 있다. 시아파는 무함마드의 혈통을 계승한 사람만이 칼리프가 될 수 있다는 종파로서, 지역적으로 이란이 그 중심이다. 이와는 달리 수니파는 누구든지 자격만 갖추면 칼리프가 될 수 있다는 종파로서, 중동 전역에 걸쳐 90%가 된다.

20세기에 들어서면서 이슬람 국가들도 서유럽 문명의 영향을 받아 근대화(modernization)의 필요성을 느끼게 되었다. 그 최초의 경우가 1920년대의 터키였다. 근대 터키의 국부(國父)로 추앙을 받는 케말 파샤(Kemal Pasha)는 알파벳을 사용하는 등의 개혁으로 서양화(Westernization)하려고 했다.

서양화는 1950년대에 이란의 팔레비 왕조에 의해서도 추진되었다. 그 때문에 중동 지역에서 터키와 이란은 친서방적(親西方的)인, 특히 미국과 가까운 관계에 있었다.

이슬람 원리주의와 혁명

그러나 1970년대에 오면서 서양화에 반대하고 정통 이슬람 문화를 되살리려는 이슬람 원리주의(Islamic Fundamentalism)가 나타나기 시작했다. 이슬람 원리주의자들은 근대 서양 문명의 자유주의와 자본주의와 같은 세속적(世俗的)인 사상이 전통적인 이슬람 문화를 파괴하고 있다고 믿는 과격파들이었다.

그들이 꿈꾸는 이슬람 공화국이 처음으로 탄생한 것은 1979년의 이슬람 혁명으로 이란에서 팔레비 왕조가 무너진 다음부터였다. 그에 따라 이란은 종교 지도자인 호메니의 통치를 받게 되었다. 이때 이슬람 원리주의자들은 테헤란 주재 미국 대사관 직원 50여 명을 1년 이상 연금(軟禁)했다. 그 이후 중동 각지로 근대 서양 문명에 반대하는 '이슬람 혁명'이 퍼져 나갔다.

그러한 배경 속에서 발생한 사건이 2001년의 9·11 테러였다. 그 사건은 그날 아침, 이슬람교 테러 단체인 '알카에다'의 조직원들이 보스턴 공항에서 4대의 여객기를 납치하면서 시작되었다. 2대는 뉴욕시의 세계무역센터 쌍둥이 건물에 부딪쳐 무너뜨렸다. 1대는 워싱턴디시의 국방부 건물 일부를 파괴하고, 다른 1대는 근처의 숲에 떨어졌다. 그 결과, 5,000명이 희생되었다.

오늘날 이슬람 원리주의 운동은 서양 문명의 세속적이고 물질주의적인 요소가 이슬람 국가로 침투하는 것을 막는 데 중점을 두고 있다. 그러므로 그 운동의 본질은 이슬람교와 기독교 사이의 '생활 방식의 충돌', 즉 '문명 충돌'이었다.

이슬람교는 종교와 정치를 통합하여 종교적 삶의 방식을 지켜 나가려고 하는 데 비해, 서양의 기독교는 종교(宗敎)의 영역과 세속(世俗)의 영역을 분리하고 있다.

또한 이슬람교는 알라에 대한 절대 순종이 행복의 길이라고 믿는 데 비해, 기독교는 신에 대한 복종과 세속적인 삶이 모두 필요한 것이라고 믿는다. 신과 인간의 관계에 있어서도 이슬람교는 주인과 종의 관계로 보는 데 비해, 기독교는 아버지와 아들의 관계로 보는 것이다.

서양 문명의 자본주의와 세속주의를 거부

이슬람교의 경제관은 노동의 대가로 얻은 재산만이 가치가 있다는 것이다. 따라서 이자를 목적으로 한 대부(貸付) 행위, 도박, 매점매석 등은 금지된다. 주식 투자나 부동산 임대료 수입도 불로소

득으로 혐오의 대상이 된다.

그것은 이자 지불이 가난한 사람의 재화(財貨)를 부자에게 넘김으로써 경제적 불평등을 가져온다고 믿기 때문이다. 그래서 이슬람 은행들은 이자를 안 받는 것을 전제로 이윤을 추구한다. 즉, 사람들이 예금을 하면 은행은 그 돈으로 이윤을 남긴 다음, 배당금 형식으로 예금주에게 돌려주는 것이다.

이슬람 율법(律法)은 생산이나 상속에 의한 재산 증식(財産增殖)을 인정한다. 하지만 그 재산은 소유자 마음대로 사용하는 것이 아니라, 알라신과 무함마드 예언자의 가르침에 따라 사용해야 한다는 것이다.

그리고 모든 재화는 묻어 두지 말고 반드시 사용되어야 하는데, 그것은 자신의 생계, 알라신을 위한 일, 자선과 공익을 위해서만 사용되어야 하기 때문이다.

이슬람 공동체주의

이슬람 율법에 따르면, 재부(財富)는 쾌락이나 사치를 누리기 위해 사용되어서도 안 될 뿐 아니라, 도박을 하고, 술을 마시고, 춤을 추고, 간통을 해서도 안 된다. 이것은 소비 방법에 도덕적으로 흠이 없어야 함을 의미한다. 간단히 말해, 이슬람교에서는 재산 축적과 그 사용에 많은 제약이 따른다.

이슬람 교도들에게 가장 중요한 말은 아랍어로 '하나가 된다.'는 뜻의 타우히드(Tawhid)다. 이슬람 교도들은 타우히드를 기본 원칙으로 삼아 이질적(異質的)인 민족들도 하나의 '이슬람 공동체(共同體)' 속으로 받아들이게 된다. 공동체 안에서 개인들은 평등한 관계를 가지기 때문에 이슬람 사회의 집단주의(集團主義)가 정당화되는 것이다.

이와 같은 특징 때문에 이슬람 사회는 '전근대적(前近代的)' 또는 '비민주적'이라는 비판을 받게 된다. 그런데도 그것은 IS(이슬람 국가)와 같이 상상할 수 없을 정도의 강력한 응집력을 가진 조직들을 지탱하는 힘을 분출하기도 한다.

4. 유교적 역사관

아득한 옛날에 있었다는 황금시대

유교는 중국의 문화적 전통의 핵심이 되는 사상 체계로서, 춘추 시대에 공자(孔子)에 의해서 체계화되었다. 그것은 다시 전국 시대에 맹자(孟子)와 순자(荀子)에 의해 보완되고, 한대(漢代)에 이르러 국교(國敎)로 확립되었다.

유교는 인간의 역사가 자연 현상(自然現象)처럼 계속 되풀이된다는 순환론(循環論)에 토대를 두고 있다. 이러한 변화의 중심에 놓인 것이 상고 사상(上古思想)이다.

그것은 옛것은 좋았으나 현재에 와서는 타락했으므로 좋은 것이 실현되기 위해서는 옛날의 좋던 시절로 돌아가야 한다는 복고적(復古的)인 생각이다. 따라서 개혁과 발전의 모델은 요순시절(堯舜時節)의 황금시대가 된다.

유교주의자들은 역사의 순환 과정에서 정의(正義)가 실현된다는 낙관적인 역사관을 가지고 있다. 봄이 오면 새싹이 돋아나듯 역사의 과정에서 천리(天理)가 반드시 회복된다는 것이다.

즉, 악(惡)이 지배하는 현실은 결국 선(善)에 의해 무너진다는 것이다. 따라서 순환하는 역사를 통해 불의(不義)를 심판하고 정의(正義)를 구현하게 된다는 것이다.

궁극적으로 정의가 불의를 이긴다는 유교 사회의 통념은 이와 같은 순환론적 역사관에서 나온 것이다.

서열을 중요시한 예(禮) 문화

유교는 '예' 문화를 사회 질서 유지의 기본 원리로 삼는다. '예'는 경전, 즉 오경(五經)의 해석으로부터 나오는 실천의 윤리로서, 인간 행위 전반을 규제하는 윤리적 규범이다.

예는 지위의 높고 낮음을 가리는 분별(分別)의 원리로서, 사람들의 서열(序列)이 분명해질 때 질서가 유지된다는 정치 철학이다. 실제로 그것은 조선 왕조 시대 500년 동안 사회를 안정시키는 요인으로 중요하게 작용했다.

그러나 분별의 원리는 형식(形式)을 낳게 되는데, 조선 후기처럼 굳어진 형식이 사회를 경직되게 만듦으로써 인간의 자유로운 사고를 해치고 사회의 발전을 막기도 한다. 조선 왕조 말기에 개화파 지식인들이 유교 망국론을 주장한 것은 바로 그와 같은 극단적인 경직성(硬直性) 때문이었다.

유교 문화에서 강조되는 또 다른 사회적 덕목(德目)은 인간의 보편적 도덕성인 '인(仁)'이다. 그것이 실현되어야 예법이 회복되어 개인의 사사로운 이익을 극복하고 전체의 공공질서를 유지하게 된다는 것이다. 따라서 유교 문화는 인간의 욕망을 억제하고 천시하는 금욕주의적인 도덕관(道德觀)을 가지고 있다.

사(私)를 극복해서 공(公)을 실현한다는 것은 인간이 탐욕에서 벗어나 공동체 전체의 질서와 조화를 이룬다는 것을 의미한다. 따라서 모든 개인의 다양성을 받아들여 전체적 조화를 이루는 대동(大同)이 사회의 목표가 된다.

그러나 대동사상(大同思想)은 가족 중심의 인정주의(人情主義)에 빠져 사회의 공정한 법질서를 확립하지 못하게 할 위험도 있다.

'아시아적 가치'로 재평가

1970년대의 석유 파동으로 세계 경제는 침체에 빠졌으나 그것을 계기로 동아시아에서는 '4마리의 용'으로 불리는 국가들이 빠른 경제 성장을 이룩했다. 그것은 한국, 대만, 홍콩, 싱가포르였다.

서양의 일부 학자들은 이와 같은 경제 성장의 원인을 유교적(儒敎的) 전통에서 찾으려 했다.

그 대표적인 경우가 서양 민주주의에 아시아적 가치를 결합시키는 데 성공한 싱가포르의 '아시아적 민주주의'였다. 그것은 선거, 의회 등 서양의 민주적 제도를 유지하면서도 그것의 개인주의적 폐해를 극복하기 위해 유교적인 동양의 국가적 권위와 공동체적 가치를 강조한 경우였다.

그처럼 정치적, 경제적 발전에 기여했다고 주장되는 '아시아적 가치'의 기본 사상은 행인정(行仁政) 사상, 가족주의, 공동체주의, 교육열, 근면성이었다.

행인정 사상은 왕정 시대부터 내려오는 것으로서, 집권자인 군자는 어진 정치로 백성들이 굶주리지 않고 편히 살 수 있도록 해야 한다는 생각이다. 오늘날 그것은 국가 주도의 개발 전략으로 이어져 경제 발전을 이루는 데 기여하였다는 것이다.

가족주의(家族主義)는 유교의 가족 중심 사상과 가부장적(家父長的) 권위를 의미한다. 그것은 가부장 주도의 '가족 기업'을 형성시킴으로써 '아시아적 자본주의'의 기틀을 마련했다는 것이다.

공동체주의(共同體主義)는 기업 조직의 결속(結束)과 발전(發展)에 필요한 질서 유지의 수단이 되었다는 것이다. 그러나 유교의 공동체주의는 또 다른 측면에서 공동체주의를 강조하는 사회주의와 혼동되는 경우도 있었다. 그러한 경우는 일제 식민지 시대와 광복 직후에 유교 전통의 집안에서 사회주의자 지식인들이 적지 않게 나왔던 사실에서 보인다.

5. 힌두 · 불교적 역사관

숙명론적인 개인관

인도는 지리, 기후, 인종, 언어, 종교 등에서 이질적인 요소들을 많이 가지고 있다. 하지만 그것은 힌두교를 매개로 하여 느슨하나마 통일을 유지하고 있다.

힌두교에는 기독교나 이슬람교와는 달리 창시자(創始者)나 공통된 교리, 조직, 경전이 없다. 그럼에도 불구하고 힌두교가 이질적인 요소들을 받아들일 포용력을 갖게 하는 것은 그것의 역사관이며 세계관인 '업(業)과 윤회(輪廻)'의 사상이다.

업(業)의 의미는, "모든 사람은 스스로를 만들어 이 세상에 태어난다."는 〈우파니샤드〉의 구절 속에서 나타나 있다. 그것은 현재의 삶은 과거의 행위, 즉 전생(前生)의 삶에 의해 규정된다는 도덕률(道德律)이다.

그것에 따르면, 인간의 모든 행위 뒤에는 '우주의 원리'가 있어서 업이 만들어지고, 그 업에 따라서 인간은 스스로 만들어 이 세상에 태어난다는 것이다. 따라서 개인의 모든 운명은 '우주의 원리'에 따라, 즉 선과 악에 따라 결정된다는 것이다.

업이 있는 한, 인간은 죽음과 재생을 되풀이하는 윤회(輪廻)에서 벗어나지 못한다. 그러므로 윤회 사상은 "선행을 한 사람은 선하게 태어나고 악행을 한 사람은 악하게 태어난다."는 〈우파니샤드〉의 말과 일치한다.

따라서 그것은 엄격한 인과율(因果律)로서 도덕률(道德律)에 토대를 두고 있다. 하지만 누가 도덕적인 심판을 내리는지는 알 수 없

다. 그리고 참회(懺悔)나 속죄(贖罪)를 하는 사람이 구원을 받는다
는 보장도 없다.

카스트 제도의 정당화

힌두교의 세계관과 역사관인 '업(業)'과 '윤회(輪廻)'의 사상은 인
도 사회의 엄격한 계급 제도, 즉 카스트 제도를 정당화하고 있다.
카스트 제도는 업과 윤회에 따른 도덕적인 정당성을 구현한 것으로
볼 수 있기 때문이다.

카스트 제도는 고대 인도에 북쪽으로부터 쳐들어온 정복자 아리
안족의 인종적 편견에 따라 만들어졌다. 그것의 근거가 되는 〈리그
베다〉에 따르면, 제물로 바친 최초 인간의 신체 부위 가운데서 입
은 브라만이 되고, 팔은 크샤트리아가 되고, 넓적다리는 바이샤가
되고, 발은 수드라가 되었다는 것이다.

바꾸어 말하면, 브라만 계급은 사제나 학자 계급이 되고, 크샤트
리아는 무사나 통치자 계급이 되고, 바이샤는 농민과 상공업 계급
이 되고, 수드라는 이들 세 계급에게 봉사하는 노예 계급이 되었다
는 것이다. 위의 세 계급은 정복자인 아리안인이 차지하고, 노예와
천민은 피정복민(被征服民)이 차지하게 된 것이다.

인도에서는 한 개인이 출생하면 카스트 제도에 따라 그의 계급이
정해졌다. 그 결과, 인도는 수천 개의 작은 출생 공동체들이 네 개
의 계급으로 나뉘어 자기들끼리 배타적인 삶을 사는 사회가 되었
다. 각 계급은 자기네끼리 혼인하고 직업을 물려주면서 혈통(血統)
과 정체성(正體性)을 유지해 왔다.

이와 같은 불평등한 사회 제도가 오랫동안 유지될 수 있었던 것
은 힌두교의 '업'과 '윤회' 사상 때문이었다. 힌두교도들은 자신의
계급(카스트)을 전생(前生)의 업(業)에 대한 응보(應報)로 생각하고

자신의 처지를 어쩔 수 없는 것으로 받아들이기 때문이다.

그렇게 해서 카스트 제도는 인도 사회의 안정과 지속성을 유지하는 데 도움이 되었다.

불교의 평등주의 윤리

브라만 계급의 지배 질서는 불만을 가져올 수밖에 없었다. 그에 따라 브라만 계급의 특권과 〈베다〉의 종교적 권위를 인정하지 않는 혁신적인 사상 운동이 일어났는데, 그 하나가 도시 상공인들의 욕구를 충족시켜 주는 불교(佛敎)였다.

불교의 창시자인 싯다르타는 모든 존재는 서로 관련을 맺으면서 끊임없이 변화한다는 인연연기설(因緣緣起說)을 주장했다. 그것은, "이것이 있음으로써 저것이 있고, 이것이 생(生)함으로써 저것이 생한다. 이것이 없음으로써 저것이 없고, 이것이 멸(滅)함으로써 저것이 멸한다."는 논리였다.

그러므로 모든 변화는 직접적인 원인인 인(因)과 간접적인 원인인 연(緣)이 합해져서 나타나게 된다. 단독으로 이루어지는 변화란 없다는 것이다.

불교는 생로병사 등의 수많은 고통으로부터 인간이 벗어날 수 있는 8가지의 바른 길〔生門方〕을 제시하고 있다. 그것들은 지혜로운 삶과 도덕적인 삶을 살 것, 남을 자비로움으로 돕고 모두를 이롭게 할 올바른 삶을 살 것 등이었다.

불교는 깨달음에 이르기 위한 여섯 가지의 덕목(德目)을 제시하고 있다. 그 가운데서 예를 들면, 보시(布施)는 남을 위해 베푸는 자비심으로 경제 정의를 실천하는 것이다.

그리고 지계(持戒)는 윤리에 어긋나지 않는 생활을 말하는 것으로, 탐욕을 버리고 검소한 생활을 해야 함을 의미한다. 따라서 그것은 분배 정의와 자선 사업을 권장하는 덕목이 된다.

이와 같은 계율로부터 "하루 일하지 않으면 하루 먹지 않는다."는 말로 표현되는 노동의 중요성을 강조하는 태도가 나온다. 여기서 노동은 필요한 만큼만 생산하고 수도에 전념하는 자연에 따른 생활을 의미한다.

이러한 점에서, 불교는 물질적 욕망보다는 정신적 자제력(自制力)을 강조하고, 개인보다는 공동체를 강조한다. 이 같은 공동체주의(共同體主義)와 평등주의(平等主義)의 사상 때문에 불교는 오랫동안 그 생명력을 유지해 왔다. 그러나 그러한 사상 때문에 광복 직후의 혼란한 정치 상황에서 일부의 불교 지도자들이 다른 의미의 공동체주의와 평등주의를 강조하는 사회주의와 얽히는 경우도 있었다.

제9장 남 · 북한 건국의 의미

1945년 8월 15일의 연합국에 의한 한반도 해방(解放), 그리고 1948년 8월 15일의 대한민국의 건국(建國) 및 북한의 건국과 관련하여 잘못된 주장들이 우리 사회에 많이 퍼져 있다. 그러므로 그 과정을 가능한 한 '있었던 그대로' 살펴봄으로써 분단의 진정한 원인과 의미를 밝히는 것이 필요하다.

국토의 분단이 문명의 분단으로

1945년 8월 15일에 한반도는 연합국에 의한 해방(解放)의 기쁜 소식과 분단(分斷)의 나쁜 소식을 거의 동시에 만나야 하는 어려운 상황에 놓이게 되었다. 그렇게 된 가장 큰 원인은 광복이 주로 우리의 힘이 아닌 미국에 의한 일본의 패망으로 이루어진데다가 소련의 이해관계(利害關係)까지 얽혔기 때문이다.

분단은 한민족(韓民族)에게 너무나 큰 상처를 남겨 놓았다. 미국과 소련이 두 점령지에 심어 놓은 체제의 성격이 너무나 달라, 두 지역은 영토의 분단보다 더 심각한 문명(文明)의 분단까지 겪게 되었기 때문이다.

분단으로 북한은 소련과 중국 중심의 대륙 문명권(大陸文明圈)에 속하게 됨으로써 전체주의(全體主義)의 길을 가게 되었다. 이와는 달리, 남한은 미국과 서유럽 중심의 '해양 문명권(海洋文明圈)에 속하게 됨으로써 자유주의(自由主義)의 길을 가게 되었다.

그것은 남한인들과 북한인들의 생활 방식(way of life)을 다르게

만들었음을 의미했다. 따라서 그것은 남과 북의 생활 방식이 같아
지지 않으면 통일도 가능하지 않다는 의미였다.

카이로 회담에서 독립을 약속받게 된 과정

1943년이 지나면서 제2차 세계대전의 전세는 연합국에게 유리해
져 갔다. 특히 소련군은 유럽에서 폴란드와 루마니아 같은 동유럽
국가들을 점령해 가고, 아시아에서는 이란, 외몽고를 점령해 가고
있었다.

이렇게 되자 영국의 처칠(Churchill, Winston: 1871~1947)은
소련의 팽창을 우려하게 되었다. 그것은 전쟁이 끝났을 때에 나타
날 세계 질서(世界秩序)가 소련에 유리한 것이 될지 모른다는 데 대
한 두려움이었다. 미국의 루스벨트도 이러한 입장에 어느 정도 동
조했다.

그러므로 서방 연합국의 두 지도자는 소련의 무한정한 팽창을 막
기 위해 소련의 스탈린과 협상하려 했다. 그에 따라 1943년 11월에
테헤란 회담이 열리게 되었다.

테헤란 회담에서는 극동 문제도 다루게 될 것이므로 루스벨트와
처칠은 중국의 장제스(蔣介石: 1887~1975) 총통을 초청하려 했다.
하지만 중국과 이해관계가 얽혀 있는 스탈린이 완강히 반대했다.
그 때문에 두 서방 지도자는 테헤란으로 가는 길에 카이로에서 장
제스를 따로 만나게 되었다.

한국인의 독립 의지를 중국과 미국에 알린 인물들

카이로 회담에서 장제스는 한국의 독립을 제의했고 루스벨트는
즉각 동의했다. 그에 따라 '적절한 절차를 밟아(in due course)' 한
국인들에게 독립을 허용한다는 카이로 선언이 나오게 되었다. 그것

은 한국인의 독립 의지가 연합국 측에 전달되어 이해를 시킨 결과였다.

그 공로는 독립운동가 전체에게 돌아가겠지만, 그 가운데서도 두 인물이 특히 중요했다. 그 한 사람은 중국에서 중경 대한민국 임시 정부를 이끌고 있던 김구(金九: 1876~1949)였다. 김구는 장제스를 두 차례 만나는 등 중국 국민당(國民黨) 정부와의 꾸준한 접촉을 통해 한국인의 독립 의지를 전달했다.

또 다른 사람은 미국에서 구미위원부를 이끌고 있던 이승만(李承晩: 1875~1965)이었다. 이승만은 루스벨트 대통령 부인 엘리노어를 포함한 미국인 지지자들의 도움을 얻어 미국 정부에게 한국인의 독립 의지를 계속 전달했다.

그 때문에 카이로 회담 9개월 전인 1943년 2월 23일, 루스벨트 대통령은 라디오 방송에서 한국인들의 노예 상태를 언급하게 되었다. 그리고 카이로 회담에서는 루스벨트의 보좌관인 해리 홉킨스(Harry Hopkins)가 한국 독립을 약속하는 선언문(宣言文)을 기초하게 되었다.

그러나 카이로 선언의 '적절한 절차를 밟아' 한국인에게 독립을 준다는 문구는 즉시 독립이 아닐 가능성이 컸다. 그것은 강대국들의 이해관계에 따라 국제 공동 관리나 국제 신탁 통치 같은 중간 단계를 거친 다음에 독립을 준다는 의미도 포함되어 있었다. 그러므로 한국인들은 자신들의 운명이 어떻게 될지 모르는 불확실한 상태에서 1945년 8월 15일에 광복을 맞았다.

일본과 6일만 싸우고도 북한을 점령하게 된 소련

한국인들에게 어려움을 가져다주게 된 또 다른 요인은 일본과의 전쟁에 소련이 참전한 사실이었다. 제2차 세계대전이 거의 끝나 가던 때 미국은 미군의 희생을 줄이기 위해 소련을 대일전(對日戰)에 끌어들인 것이다.

지금 돌이켜보면 그것은 완전히 불필요한 행동이었다. 왜냐하면 소련군의 참전은 일본의 항복을 받아 내는 데 전혀 도움이 되지 않았기 때문이다. 바꾸어 말해, 소련군의 개입이 없었더라도 일본군은 미군에게 항복했을 것이기 때문이다.

소련의 참전 대가(代價)로 미국이 소련에게 한반도를 넘겨준다는 약속은 없었다. 그러나 미국이 군사적 이유로 함경도의 웅기, 나진, 청진 등의 항구를 작전 구역(作戰區域)으로 인정해 달라는 소련의 요구를 거절하지 못한 것이 문제였다. 만주에서 일본으로 퇴각하는 일본군을 막기 위해 필요하다는 것이었다. 그것을 근거로 소련군은 한반도에 발을 들여놓게 되었다.

일본은 1945년 8월 15일에 정식으로 항복했지만, 이미 8월 6일에 히로시마에 원자탄이 떨어졌을 때 사실상 항복이 결정된 상태였다. 그러므로 소련군은 전리품을 챙기기 위해 서둘러 8월 9일에 일본에 대해 선전 포고를 했던 것이다. 소련군은 겨우 6일 동안 싸우고 일본에 대한 전승국이 되었다.

일본을 대신해 분단의 징벌을 받은 한국

선전 포고와 동시에 소련군은 빠르게 한반도로 들어왔다. 일본군은 이미 항복한 상태였으므로 거의 저항이 없었다. 그 때문에 소련군은 순식간에 한반도 전체를 점령할 가능성이 컸다.

그러나 미군은 그것을 막을 방법이 없었다. 미군 선발대는 한반도에서 멀리 떨어진 오키나와에 겨우 상륙했을 뿐이었다. 따라서 미국이 할 수 있었던 일은 북위 38도선을 경계로 한반도를 공동으로 점령하자고 소련에 제의해 보는 것뿐이었다.

뜻밖에도 스탈린은 미국의 제안을 수락했다. 한반도 공동 점령안을 받아들이면 소련을 일본 점령에 참여시킬 것으로 기대했던 것 같았다. 그러나 미국은 소련군을 일본 점령에 참여시키지 않았다. 일본 본토를 공격한 일이 없다는 이유에서였다.

그 때문에 일본은 국토가 분단되는 징벌을 받지 않았다. 그것은 분단의 징벌을 받은 독일에 비하면 엄청난 행운이었다. 그 대신 엉뚱하게도 전쟁의 피해국(被害國)인 한국이 분단의 징벌을 받는 결과가 나타났다.

미국은 한반도 공동 점령을 제안하기는 했지만 영구적으로 분할할 의도는 없었다. 미국은 독일에서와 마찬가지로 소련과의 합의를 통해 한반도 전체를 하나의 단위로 하는 중앙 정부를 세우려고 했다. 그 때문에 서울의 미군은 평양의 소련군에게 물자의 자유로운 교환을 요구했다.

북한만의 건국을 지시한 스탈린의 전문

하지만 소련군은 그것을 거부하고 38선을 막았다. 그러고는 점령 지역인 북한만이라도 공산화(共産化)하려고 했다. 그러한 의도는 북한을 점령한 소련군에게 단독 정부를 수립하라는 지시를 내린 1945년 9월 20일자 스탈린의 전문(電文) 지시에서 드러났다. 그러한 지시가 있었음은 12월 25일의 쉬킨 장군의 보고서에서 확인되었다.

북한의 단독 정부(單獨政府)를 수립하기 위해 소련군은 10월에 이북5도행정국을 설치했다. 그리고 1946년 2월 8일에는 북조선임시인민위원회를 세웠다. 당시 공산 국가들의 인민위원회는 정부를 가리켰다.

소련은 북한인에게 자율권을 준다고 선전하기 위해 공식적으로

군정을 실시하지는 않았다. 하지만 그것은 50여 개의 군경무사령부(콘트라지베트)를 통해 각급 인민위원회를 철저하게 통제함으로써 실질적인 군정(軍政)을 실시했다.

북조선임시인민위원회는 사실상의 정부로서, 정부만이 할 수 있는 일들을 했다. 그것은 1946년 3월 초에 토지 개혁의 이름으로 토지 몰수 정책을 시행함으로써 공산 혁명을 시작했다.

혁명은 산업 국유화, 화폐 개혁으로 이어지면서 북한의 사회 구조를 남한의 그것과 완전히 다르게 바꾸어 놓았다. 뒤이어 경제 계획 수립, 국가(國歌) 제정, 헌법 초안 작성, 인민군 창설이 이루어지면서, 1948년 4월에 이르면 국가 건설에 필요한 모든 요건을 갖추어 놓았다. 이와 같은 엄청난 변혁들은 정부가 있어야만 이루어질 수 있는 것들이었다.

이처럼 북한은 남한보다 먼저 정부를 세워 놓았으면서도 남한이 1948년 8월 15일에 건국을 선포할 때까지 기다렸다. 그러다가 북한은 한 달이 지난 9월에 가서야 건국을 선포했다. 분단에 대한 책임을 남한에 떠넘기기 위해서였다.

소련과 합의해 통일 정부를 세우려한 미국의 오판

남한에서의 건국 과정은 북한에서처럼 간단치 않았다. 미국이 소련과의 합의로 남북 통일의 연립 정부를 세운다는 좌우 합작(左右合作) 정책에 3년 동안 매달렸기 때문이다. 그에 따라 남한에서 좌익과 중도파의 활동이 허용되었다.

1945년 8월 15일에 일본이 항복하면서 사회주의자인 여운형의 건국준비위원회가 가장 먼저 정치 활동을 시작했다. 그러나 그것은 곧 공산주의자인 박헌영에게 주도권을 빼앗기면서 조선인민공화국으로 이름이 바뀌었다. 1945년 9월 8일, 인천에 상륙한 미군은 이름뿐인 조선인민공화국을 인정하지 않았다.

미군이 진주하자, 송진우, 김성수, 장덕수를 중심으로 보수우익 세력이 한민당(韓民黨)을 조직했다. 한민당에는 영어가 통하는 미국 유학파와 일본 유학파, 그리고 기독교인이 많았기 때문에 미군 정부와 협조 관계에 놓이게 되었다.

민족 통일 전선이 불가능했던 이유

미국에서 독립운동을 하던 이승만은 광복이 된 지 두 달이 지난 10월 16일에야 힘들게 귀국할 수 있었다. 미 국무부의 좌파 관리들이 그의 귀국을 방해했기 때문이다. 그들은 소련과 협의해 한반도에 좌우 합작 정부를 세우려 했기 때문에 반공주의자(反共主義者)인 이승만을 견제하려 했던 것이다.

미 극동육군사령관 맥아더의 도움으로 서울에 도착한 이승만은 복잡한 정치 세력들을 하나로 통합하는 민족 통일 전선을 구축하려고 했다. 한국인의 정부를 세우려면 연합국에게 단합된 모습을 보여야 하기 때문이다. 그래서 이승만은 독립촉성국민회에 좌·우익을 모두 끌어들이려 했다.

그러나 좌익들은 친일파를 먼저 숙청해야 협조하겠다는 조건을 내걸었다. 이에 대해 이승만은 친일파 숙청 문제는 정부가 세워진 다음에나 다루어질 수 있는 것이라고 대답했다. 결국 좌익들은 그들의 주장을 꺾지 않았기 때문에 이승만은 우익만의 통합에 만족할 수밖에 없었다.

11월 23일에는 김구, 김규식(金奎植) 등 중경 임시 정부 요인들이 중국으로부터 귀국했다. 미군 사령관 하지(Hodge) 중장은 그들의 귀국이 한국인들을 통치하는 데 도움이 될 것으로 생각했다. 그 때문에 하지는 그들의 귀국을 위해 상하이에 비행기를 보내 주는 호의를 보였다.

김구도 이승만처럼 민족 통일 전선을 구축하려고 했으나, 좌익들의 협조를 얻지 못해 실패하고 말았다.

애당초부터 성공 가능성이 없었던 미소공동위원회

카이로 선언이 한국의 독립을 약속했기 때문에 그것을 실현하기 위한 방안이 1945년 12월 28일에 모스크바 3국 외무 장관 회의에서 발표되었다. 미국, 소련, 영국의 외무 장관들이 합의한 모스크바 협정의 내용은 미군과 소련군이 미소공동위원회를 열어 한국인의 임시 정부를 세우고 5년간의 신탁 통치를 거친 다음 완전 독립을 준다는 것이었다.

남한의 우익 세력은 모스크바 협정이 즉각 독립 대신 신탁 통치 단계를 거친다는 데 대해 크게 반발했다. 그에 따라 반탁(反託) 운동이 거세게 일어났다.

그러나 북한인들과 남한의 좌익은 모스크바 협정이 한국인들에게 민주주의 정부를 세워 주려는 진보적인 것이라면서 찬탁(贊託) 운동을 벌였다. 여기서 말하는 민주주의(民主主義)는 실제로 공산주의(共産主義)를 의미했다.

모스크바 협정에 따라 1946년 3월 21일, 서울 덕수궁에서는 한국인의 정부를 세운다는 목표로 미소공동위원회가 열렸다. 그러나 그것은 처음부터 성공할 수 없는 회의였다.

왜냐하면 소련군은 이미 1945년 9월 20일의 스탈린 전문 지시(電文指示)에 따라 1946년 2월 8일에 북한에 사실상의 단독 정부인 북조선임시인민위원회를 세운 상태였기 때문이다. 그리고 3월 6일에는 토지 개혁(土地改革)이라는 이름으로 토지를 몰수하는 공산 혁명을 추진하고 있었기 때문이다.

그러므로 미소공동위원회에서 남북 통일 정부를 세우기로 합의한다면, 소련군은 북한에서 이미 추진해 놓은 변혁을 모두 무효화해야 했는데, 그것은 현실적으로 불가능한 일이었다.

남한의 우익을 완전히 배제하려는 소련

그러므로 미소공동위원회는 열리면서부터 실패할 것이 분명해졌다. 임시 정부를 수립하는 데 협의 대상으로 삼을 한국인 대표들을 선정하는 문제를 놓고 미군 측과 소련군 측이 팽팽하게 맞섰기 때문이다.

미군 측은 '표현의 자유'를 내세워 남한이든 북한이든 좌익이든 우익이든 모두 참여시키려고 했다.

그러나 소련군 측은 남한의 우익(右翼)만은 참여시키기를 거부했다. 신탁 통치 반대 운동을 벌여 모스크바 협정에 반대했다는 이유에서였다. 그것은 바로 이승만과 김구, 그리고 한민당 세력을 제외시키려는 의도였다. 소련의 주장대로 한다면, 새로 세워질 한국인의 임시 정부는 좌익만으로 구성될 전망이었다.

미군 측과 소련군 측 모두가 자신의 뜻을 굽히지 않았기 때문에 1946년 5월, 미소공동위원회는 중단될 수밖에 없었다. 미국과 소련이 합의를 통해 남북 통일 정부를 세운다는 미 국무부의 좌우 합작 정책이 실패한 것이다.

남한 우익의 건국 구상

모스크바 협정의 비현실성을 알아차린 남한의 우익들은 한국인들이 직접 정부를 세워야 한다는 '자율 정부론'을 내세우기 시작했다. 그것은 사실상 남한만의 건국을 의미했다. 북한에는 이미 '사실상의 정부'(북조선임시인민위원회)가 세워졌으므로, 남한에도 그러한 정부가 세워지는 것이 당연하다는 주장이었다.

그렇지만 누구도 감히 그러한 주장을 공개적으로 내세울 용기를 갖지 못했다. 당시의 사회 분위기는 통일 정부의 수립을 당연하게 보는 민족주의적인 것이었기 때문이다.

그때 이승만이 1946년 6월 3일의 '정읍 발언'을 통해 대담하게 남한만의 정부 수립을 주장했다. 그에 따르면, 남한에서도 북한에서처럼 위원회나 임시 정부 같은 것을 만들어 치안(治安)과 경제(經濟)를 유지하고, 장차 통일 정부를 세우기 위해 강대국들과 협상하도록 해야 한다는 것이었다.

이승만은 좌익과 중도파는 물론, 미군정으로부터도 심한 비난을 받았다. 한민당을 비롯한 우익만이 그를 지지했다. 그러나 시간이 흐르면서 이승만의 발언은 현실적인 방안으로 받아들여지기 시작했다. 북한에서는 이미 단독 정부가 세워져 공산화 정책을 추진하고 있었기 때문이다.

그런데도 남한의 미군정은 소련과 협의해 통일 정부를 세우겠다는 불가능한 목표에 매달려 있었다. 그 때문에 남한의 사회와 경제는 극심한 혼란 상태에 빠져 있었다. 그것이 바로 소련군과 북한의 공산주의자들이 바라는 상황이었음을 남한인들도 점차 깨달아 가고 있었던 것이다.

미국의 좌우 합작 정책이 실패

한편, 남한의 미군정부는 언젠가는 미소공동위원회가 다시 열릴 것에 대비해 그들의 좌우 합작 정책에 맞는 중도파(中道派) 세력을 결집시키려 했다.

그에 따라 미군정의 도움으로 김규식의 온건우파와 여운형의 온건좌파가 결합된 좌우합작위원회가 조직되었다. 여기서 발표한 좌우 합작 7원칙은 토지 개혁, 친일파 숙청 같은 좌익의 요구를 거의 그대로 받아들인 것이었다.

미군정부는 의회의 역할을 할 입법 의원(立法議院)도 설치했다. 그것은 간접 선거로 뽑는 민선 의원 45명과 미군정부가 임명하는 관선 의원 45명으로 이루어졌다.

민선(民選) 의원 선거에서는 대부분 이승만과 김성수의 추종자들인 우익이 당선되었다. 그러자 미군정부는 좌·우익의 균형을 잡는다고 관선(官選) 의원 대부분을 좌익 성향의 인물들로 임명했다. 그것에 대해 이승만이 하지 장군에게 강력하게 항의하면서 두 사람의 관계는 극도로 나빠졌다.

이승만은, 미국의 좌우 합작 정책이 바뀌지 않는 한, 남한에서 정부가 세워지는 것은 불가능하다고 판단했다. 그래서 그는 미국 정부를 설득하기 위해 1946년 12월 워싱턴으로 떠났다. 미국에서 이승만은 언론과 정부를 상대로 남한에서만이라도 자유선거(自由選擧)를 통해 임시 정부를 수립함으로써 장차 통일 정부를 세울 기반을 마련해야 한다고 주장했다.

그때 서울의 김구는 중경 임시 정부를 남한의 정식 정부로 바꾸려는 과감한 행동에 나섰다. 김구는 1947년 3월 1일, 서울운동장에서 열린 기미 독립선언기념 국민대회에서 중경 임시 정부를 정식 정부로 추대하는 결의문을 채택하도록 했다. 그러나 미군정부는 그것을 쿠데타로 보고 승인하지 않았다.

소련과의 합의가 불가능함을 깨달은 미국

미국은 여전히 소련과의 협의를 통해 남북 통일 정부를 세운다는 생각을 버리지 않았다. 그 때문에 1947년 5월 미소공동위원회가 다시 열리게 되었다. 미군 측은 우익 세력의 반대 운동을 봉쇄하기 위해 이승만을 자택에 연금하고 외부와의 접촉을 막았다.

그러나 이번에도 소련군 측은 1946년의 제1차 회의처럼 신탁 통치에 반대하는 우익 세력을 협의 대상에서 제외시키려 했다. 그 때문에 회의는 또다시 중단되어, 미소공동위원회를 통한 정부 수립은 불가능하다는 것이 드러났다.

그 사이에 국제 정세는 이승만과 남한 우익에게 유리해졌다. 소련에 양보만 하던 미국이 1947년 3월의 '트루먼 선언'을 통해 공산주의에 대항해 강경책을 쓰게 되었기 때문이다.

그에 따라 남한에서만이라도 자유선거를 통해 임시 정부를 세우려는 이승만의 주장이 설득력을 얻게 되었다. 이승만이 정권을 잡게 될 것이 확실해 보였다.

건국을 늦추려던 미군정의 일부 한인 관리들

그러자 이승만의 집권을 싫어하는 미군정의 한국인 관리들을 중심으로 견제 움직임이 일어났다. 그들은 대체로 서북 지역 출신으로 일제 시대에 안창호(安昌浩: 1878~1938)를 따르던 흥사단 계통의 인물들이었다.

그들은 이승만에 대항할 인물로 미국의 서재필(徐載弼: 1864~1951)을 초청하도록 했다. 서재필은 구한말에 갑신정변으로 미국에 망명했다가 돌아와 독립신문을 통해 국민 계몽에 힘썼던 개화파 지식인이었다. 서재필은 미군정 고문으로 1947년 7월 서울에 도착했으나, 84세의 고령에다 한국어도 서툴러 기대했던 역할을 제대로 해내지 못했다.

그러자 1947년 9월, 미군정부 안의 반(反)이승만 성향의 관리들은 '남조선 정세에 관한 시국 대책 요강'을 몰래 미국 정부에 제출했다. 시국 대책 요강의 핵심은 미군정의 연장이었다. 11월 초에 그

문서가 일반인들에게 알려지게 되면서 서북청년회를 비롯한 보수 우익으로부터 격렬한 비난을 받았다.

건국의 문제를 유엔에 넘기다

1947년 9월 29일, 미국 정부는 골치아픈 남한으로부터 미군을 철수시키기로 결정했다. 한반도는 전략적 가치가 없을 뿐만 아니라, 남한도 언젠가는 공산화될 것으로 예상했기 때문이다. 그러므로 빨리 정부를 세워 놓고 명예롭게 철수하는 것이 현명한 조치로 보였던 것이다.

그 때문에 트루먼 행정부는 소련과의 협의를 포기하고 한반도 문제를 유엔에 떠넘겼다. 미국의 방안은, 유엔 감시 아래 남한과 북한에서 각기 선거를 실시하여 통일 국회를 구성하고, 그 국회가 만든 헌법에 따라 통일 정부를 세운 다음, 미군과 소련군이 동시에 철수한다는 것이었다.

유엔 총회는 1947년 11월 14일, 미국안을 채택했다. 그리고는 그것을 집행할 기구로 유엔한국임시위원단을 1948년 1월에 서울로 파견했다. 이승만과 김성수를 비롯한 남한의 우익 세력은 크게 환영했다. 그러나 북한 정권과 남한의 좌익은 격렬히 반대했다. 그 때문에 유엔한국임시위원단은 북한에 갈 수조차 없었다. 그러므로 선거가 실시되면 남한에서만 이루어질 것이고, 그렇게 되면 남한만의 단독 정부가 수립될 것이 명백해졌다.

북한의 거부로 남한만의 선거를 허용한 유엔

의견 충돌은 서울에 온 유엔한국임시위원단 대표들 속에서도 일어났다. 북한이 반대하고 있는 마당에 남한에서만 선거를 해야 하는가 하는 문제를 놓고 의견이 갈린 것이다. 그러나 1948년 2월 26

일, 뉴욕의 유엔 소총회(정치위원회)는 선거가 가능한 지역인 남한에서만이라도 실시하라는 결정을 내렸다.

그런데도 서울의 유엔한국임시위원단은 유엔 소총회의 그러한 결정을 받아들일 것인가 하는 문제를 놓고 투표를 했다. 결과는 중화민국, 필리핀, 엘살바도르, 인도 4개국은 찬성, 캐나다와 오스트레일리아 2개국은 반대, 프랑스와 시리아 2개국은 기권으로, 남한만의 선거안은 통과였다.

각국 대표들이 처음 서울에 왔을 때의 원래 성향대로 투표했다면 선거안은 부결되었을 것이다. 그렇게 되었다면 대한민국도 탄생하지 못했을 것이다.

그러나 몇몇 국가의 대표들이 한국인들의 설득으로 태도를 바꾸면서 결과가 달라졌다. 그러한 결과를 가져온 데는 이승만, 김성수, 조병옥, 모윤숙 같은 우익 지도자들의 공로가 절대적이었다.

통일 정부에 대한 희망을 버리지 않은 남북 협상파

그러한 결과는 지금까지 우익으로서 공통된 입장을 보여 오던 이승만과 김구를 갈라서게 만들었다. 김구는 총선거가 남북 분단을 영구화할 것으로 보고, 북한과의 협상을 통해 통일 정부(統一政府)를 세워 보려 했기 때문이다. 그는 김규식과 함께 남북 협상파의 중도 노선(中道路線)을 선택하게 된 것이다.

김구는 1948년 2월 10일, '삼천만 동포에게 읍고함'이란 성명에서 남한만의 정부를 세우려는 김성수의 한민당을 맹렬히 비난했다. 자신은 통일 조국을 건설하려다가 38선을 베고 쓰러질지언정 일신의 구차한 안일을 위하여 단독 정부를 세우는 데 협력하지 않겠다는 감동적인 발언을 했다.

남북 협상파가 된 김구와 김규식은 1948년 2월 16일, 남북 요인

(南北要人) 회담을 열자는 편지를 북한의 김일성과 김두봉에게 보냈다. 그러나 소련은 그것을 무시하고 북한으로 하여금 새로 회의를 제의하도록 지시했다.

회의 명칭도 김구와 김규식이 제안한 남북 요인 회담이 아니라 군중집회(群衆集會)와 같은 정당·사회단체들의 연석회의(連席會議)였다. 그러고는 남한측 초청될 참석자들의 명단, 그리고 회의의 장소, 시기, 의제도 소련이 일방적으로 결정했다.

군중집회로 둔갑한 평양의 남북 회담

그 때문에 김구와 김규식은 북한이 미리 준비한 잔치에 둘러리만 서는 것이 아닌가 의심했다. 하지만 실현 가능성보다 민족적 명분이 더 중요했으므로 그들은 평양에 가기로 결정했다.

이승만은 반대했다. 소련이 남북 협상(남북 합작)을 허용한 것은 남한의 5·10 선거를 방해하기 위해 시간을 끌려는 책략이라는 것이었다. 공산당과의 합작은 결국 공산화(共産化)로 이끌 것이라고 주장했다. 당시 체코슬로바키아에서는 좌우 합작 연립 정부가 공산당의 쿠데타로 무너졌고, 중국에서도 국민당 정부가 국·공 합작을 했다가 내전으로 무너지고 있었던 것이다.

김구와 김규식의 일행이 평양에 도착하기도 전에 북한은 이미 회의를 시작한 상태였다. 1948년 4월 21일의 모란봉극장 회의는 남한인 참석자 151명을 포함한 696명이 참가한 군중집회였다. 분위기도 김일성과 공산 혁명에 대한 찬양 일색이었다. 김일성은 연설에서 '남북 협상'이란 말을 꺼내지도 않고 김구, 김규식 일행의 참석 사실조차 언급하지 않았다.

분개한 김규식은 몸이 아프다는 이유로 회의에 참석하지 않았다. 김구는 한 번 참석해서 남한이든 북한이든 단독 정부 수립에는 반대한다는 짧은 연설을 했다. 하지만 반응이 없었기 때문에 즉시 퇴장하고 말았다.

남북 협상파를 배반한 북한

그런데도 남한 측 참석자들은 연석회의 마지막 날에 북한이 제시한 '남북조선 제정당 사회단체 공동성명서'에 서명했다. 그것의 골자는 남한에서 실시될 5·10 총선거와 그 결과로 세워질 정부를 인정하지 않는다는 것이었다.

국제 노동절인 5월 1일, 북한은 남한 측 참석자들을 인민군 사열식에 초청해 막강해진 군사력을 보여 주었다. 그것은 소련군과 미군이 철수했을 때 남한을 공격할 수 있음을 보여 주려는 것이기도 했다. 소련군이 철수한다 해도 멀리 태평양을 건너간 미군과는 달리 즉시 북한으로 올 수 있었다.

그러나 서울로 돌아온 김구와 김규식은 북한 방문 결과를 성공적인 것으로 발표했다. 우리 민족끼리는 무슨 문제든지 협조할 수 있다는 것을 체험으로 증명했다고 말했다. 북한은 절대로 남침하지 않을 뿐만 아니라 남한에 보내고 있는 전기와 저수지 물도 끊지 않겠다고 약속했다고도 했다. 그러나 북한이 그러한 약속을 지킬 마음이 전혀 없었다는 것은 얼마 지나지 않아 드러났다.

한반도 최초의 자유선거

1948년 5월 10일, 유엔 결의에 따른 한반도 최초의 자유선거(自由選擧)가 남한에서 실시되었다. 헌법을 제정할 국회를 구성하기 위한 것이었다.

좌익의 선거 방해가 격렬했기 때문에 5주 동안의 선거 관련자의 희생만도 589명에 이르렀다. 그러나 전국의 198개 선거구가 무사히 선거를 치렀다. 제주 4·3 사건으로 2개의 선거구가 제대로 선거를 치르지 못한 제주도만이 예외였다. 북한은 남한의 5·10 선거를 비난하며 전기와 저수지 물을 끊었다.

선출된 198명의 국회 의원들은 1948년 5월 31일에 첫 회의를 열고 헌법 제정에 착수했다. '헌법 및 정부조직법 기초위원회'는 우선 국호(國號)부터 결정했다. 위원들의 의견이 일치하지 않았으므로 투표에 부쳤다. 투표 결과는 '대한민국' 17표, '고려공화국' 7표, '조선공화국' 2표, '한국' 1표였다. 따라서 국호는 이승만의 주장대로 상해 임시 정부의 그것과 같은 대한민국으로 결정되었다.

냉대 속에 탄생한 대한민국

대통령으로는 이승만이 유력해 보였다. 하지만 6월 말에 '서재필 박사 대통령 추대 연합준비위원회'가 발족하면서 잠시 혼선이 일었다. 주도 세력은 미군정에서 활동한 정일형, 백인제, 노진설, 주요한, 최능진 같은 흥사단 계열의 서북인들이었다.

서재필은 추대에 대해 즉각 거부 의사를 밝혔다. 그는 독립운동 시대 미국에서 벌어졌던 안창호 계열과 이승만 계열의 대립이 다시 발생할까 우려했던 것이다.

김구는 남한 단독 정부 수립에 참여하지 않겠다는 입장을 분명히 했다. 그러자 독립운동 시절 김구를 도왔던 중국의 장제스 정부가 당황했다. 장제스는 김구의 중경 임시 정부 세력이 집권하기 바랐기 때문에 1945년 귀국할 때 정치 자금(政治資金)을 주는 등 지원을 아끼지 않았던 것이다.

그러므로 장제스 정부는 유엔한국임시위원단의 중국 대표로 서울에 와 있던 유어만(劉馭萬: 류위왕)을 통해서 김구에게 이승만의 건국 사업(建國事業)을 돕도록 끈질기게 권유했다. 그러나 김구는 호응하지 않았다.

친일파가 등용되지 않은 초대 내각

1948년 7월 20일, 국회는 압도적인 지지로 이승만을 대통령으로 선출했다. 그에 따라 7월 24일에는 대통령 취임식을 거행했다. 그러고는 독립운동가들인 이시영, 이범석, 지청천이 각각 부통령, 국무총리, 무임소장관으로 임명되었다. 또 다른 독립운동가인 신익희는 국회의장을 맡았다.

초대 내각을 구성함에 있어서 이승만은 친일파로 비난받을 사람들을 임명하지 않았다. 그러므로 초대 내각은 모두 독립운동을 했거나 적어도 일제에 협력하지 않은 사람들로 채워졌다. 전문성이 필요해 임명된 교통부 장관만이 예외였다. 그것이 친일파가 적지 않게 임명된 북한의 초대 내각과는 달랐다.

총선거, 국회 구성, 헌법 제정, 정부 수립을 거치면서 유엔이 요구한 건국의 4단계가 모두 끝났다. 그에 따라 광복 3주년을 맞는 1948년 8월 15일, 중앙청 광장에서는 대한민국 정부 독립 선포식이 거행되었다. 그날의 행사는 광복과 건국을 동시에 경축하기 위한 것이었다.

이승만은 기념사에서 소련군의 방해로 북한에서 선거를 치르지 못해 통일 정부가 세워지지 못한 것을 개탄하고, 장차 소련에 적절한 절차의 이행을 요구할 것이라고 말했다. 그리고 국회가 북한을 위해 100석의 의석을 남겨 놓고 있다고 했다.

통일 독립운동을 계속하겠다는 남북 협상파

그러나 남북 협상파(南北協商派)는 건국을 인정하지 않았다. 그것은 이승만이 5월 31일, 제헌 국회(制憲國會)에서 1919년의 한성

임시 정부를 계승했다고 말한 데 대한 김구의 소감에서 나타났다. 신문기자들에게 김구는 지금의 국회는 중경 임시 정부를 계승하지 못했다고 대답했던 것이다.

정부 수립이 선포된 1948년 8월 15일의 김구의 담화도 건국에 대한 언급이 없이 광복(해방) 3주년에만 관심을 쏟았다. 광복 3년이 지난 오늘에 와서 보면 우리에게는 비분과 실망이 있을 뿐이므로 앞으로 강력한 통일 독립운동을 전개하겠다고 선언했다. 그만큼 김구는 통일 정부 수립에 모든 관심을 쏟았던 것이다.

유엔이 '코리아의 유일한 합법 정부'로 승인

신생국 대한민국이 우선 할 일은 1948년 9월부터 파리에서 열릴 제3차 유엔 총회에서 승인을 받는 것이었다. 왜냐하면 대한민국은 유엔 총회의 결의에 의해 탄생했기 때문이다. 그래서 이승만은 서둘러 장면(張勉)을 단장으로 하는 유엔 대표단을 파리에 파견하고, 조병옥(趙炳玉)을 특사로 임명했다.

김구와 김규식의 통일독립촉진회도 별도의 유엔 대표단을 파견하려고 했다. 유엔이 신생 대한민국을 승인하는 대신 중경 임시 정부를 잠정적인 정부로 인정케 하려는 것이었다. 김구는 그것을 준비하기 위해 서영해(徐嶺海)에게 파리로 가도록 했다.

그러나 별도의 대표단 파견은 이루어지지 않았다. 대표인 김규식이 거부했기 때문이다. 그 때문에 유엔 총회에서 2개의 한국인 대표단이 충돌하는 불상사는 일어나지 않았다.

한편, 파리 유엔 총회에 파견된 대한민국 대표단은 유엔 회원국들을 상대로 국가 승인을 끈질기게 설득했다. 그 결과, 총회 마지막 날인 12월 12일에 간신히 승인을 받는 데 성공했다. 대한민국의 탄생이 완성되는 순간이었다.

남한의 건국을 기다렸다가 건국을 선포한 북한

남한이 8월 15일에 대한민국의 건국을 선포하자, 북한도 9월 9일에 조선민주주의인민공화국의 건국을 선포했다. 북한은 이미 '사실상의 정부'인 북조선인민위원회를 세워 놓고 공산 혁명을 추진한 상태였다. 헌법 제정과 정규군(인민군) 창설도 마친 상태였다. 그런데도 분단의 책임을 남한에 떠넘기기 위해 건국의 선포를 뒤로 미루었던 것이다.

식민지였던 땅에 새로 세워진 대한민국은 인적, 물적 자원의 부족으로 국가 건설(nation-building)에 어려움을 겪었다. 따라서 강대국의 지원이 절대로 필요했다.

그러한 관점에서 보면, 북한의 건국을 도운 소련은 국가 건설의 경험이 많았다. 그것은 제2차 세계대전 말기부터 동유럽에서 공산 국가들을 세우고 있었기 때문이다.

그러므로 소련의 북한 건국 속도는 빨랐다. 일본이 항복할 당시 소련은 이미 김일성 일파를 집권 세력으로 지정해 놓은 상태였다. 또한 소련은 소련 시민권을 가진 수백 명의 고려인 전문가들을 북한에 파견했다. 그 대표적인 인물이 북한의 공산당 조직을 도운 허가이(許哥而)였다. 그것은 해방 후 3년 동안 혼란한 남한의 정국을 사실상 방치했던 미국과는 크게 다른 태도였다.

북한의 극심한 인재난

그러나 북한은 토착인 인재들이 크게 부족한 것이 문제였다. 일제 시대에 육성된 인재들은 반동 세력이나 친일파로 몰려 숙청되거나 남한으로 탈출했기 때문이다.

북한의 인재 부족 사태를 뚜렷이 보여 준 사례의 하나가 이공계(理工系) 대학생의 부족이었다. 1946년 가을, 김일성대학과 전문대

학들이 신입생을 모집했을 때 이공계 학과들이 정원을 채우지 못했던 것이다.

북한의 인재 부족은 건국 과정에서 권력의 핵심을 차지했던 이른바 빨치산파의 인적 구성에서도 나타났다. 1945년 9월 19일, 김일성 일파 60명이 소련군의 명령을 받고 연해주로부터 원산에 도착했을 때, 그들 가운데서 중학교를 다닌 사람은 김일성을 포함해 5명에 불과했다. 김일성의 학력도 겨우 만주 길림(吉林: 지린)의 육문중학 중퇴였다.

김일성은 1940년부터 소련의 연해주에서 소련군 대위로 정치 교육을 받았다. 그가 속한 88여단은 전투 부대가 아니라 장차 북한에 공산 정권을 세울 때 활용될 정치 요원을 양성하는 교육 부대였다.

인재(人材)가 크게 부족했기 때문에 해방 직후의 북한은 실제로 소련군의 직접 통치를 받고 있었다. 소련은 한국인들의 인민위원회(人民委員會)에 모든 권한이 주어진 것처럼 선전했지만, 그것은 사실이 아니었다.

북한 통치의 중심축은 연해주 군관구의 정치 장교인 스티코프와 그의 지시를 집행하는 평양 민정사령부의 로마넨코였다. 지방 행정은 북한 전역에 흩어져 있는 50여 개의 소련군 경무사령부(콘트라지베트)가 맡았다.

그 때문에 소련군은 내각 명단을 작성하고 헌법까지 만들어 주었다. 심지어 스티코프는 김일성의 연설문까지 작성해 주고, 이른바 남북 협상 당시에는 회의 진행도 지시했다.

개화기부터 계속된 남한의 인재 육성

이와는 달리, 남한의 미군은 권한을 거의 행사하지 않았다. 그들은 대부분 한국에 대해 모르고 관심도 없는 사람들이었다. 그러므로 미군정 3년 동안 치안을 유지하고, 경제와 행정을 담당한 사람들은 한국인 관리들이었다. 정부를 세우고 헌법을 만들고 유엔의 국가 승인을 받아 낸 사람들도 한국인 전문가들이었다.

남한에서 그것이 가능했던 것은 구한말 개화기로부터 육성되어 온 인재들이 북한에 비해 많았기 때문이다. 개화파(開化派)가 시작한 인재 양성은 일제 식민지 시대에도 계속되었다. 독립운동가들이 해외에서 활동하고 있는 동안, 한반도의 식민지 사회에서는 2,300만의 한국인이 일본에 대항해 생존을 위한 투쟁을 벌이고 있었다. 그 과정에서 인재들이 육성되고 있었던 것이다.

그들은 일본인 통치자들에게 협력했다는 비난을 받을 수도 있었다. 하지만 그 방법을 통하지 않고서는 선진 문명을 습득할 수 없었던 것이다.

그와 같은 식민지 사회의 인재들을 국가 건설에 활용한 인물이 이승만이었다. 그 자신도 미국의 조지워싱턴, 하버드, 프린스턴 대학을 거치면서 정치학 박사 학위를 받은 새로운 엘리트였다.

제10장 6·25 전쟁의 교훈

6·25 전쟁은 한(韓)민족이 겪은 역사상 최악의 재앙(災殃)이었다. 그것의 참혹성은 3년 동안 한반도에서 죽거나 다친 한국인과 외국인이 무려 480만 명에 이른 사실에서 드러난다. 그러므로 그 같은 비극이 누구에 의해 일어났고 한국인들에게 어떤 결과를 가져다주었는지 밝히는 일이 중요하다.

입장에 따라 달라지는 전쟁 명칭

6·25 전쟁은 한(韓)민족 역사의 흐름을 크게 바꾸어 놓은 거대한 역사적 사건이었다. 그것은 한반도의 북쪽 절반을 '대륙 문명권'에 묶어 놓고 남쪽 절반을 '해양 문명권'에 묶어 놓음으로써 두 지역이 문명사적(文明史的)으로 완전히 다른 길을 가도록 분단을 고정시켜 놓았기 때문이다.

6·25 전쟁도 다른 역사적 사건들과 마찬가지로 '실제로 일어난 것(what actually happened)'으로서의 진짜 모습이 있다. 그런데도 그것은 이념적, 정치적인 이유 때문에 일반인들에게 정확하게 전달되지 못하고 있다.

우선 전쟁의 명칭부터 제 각각이다. 북한은 그것을 '조국 해방 전쟁'으로 부르고 있다. 북한이 미국 식민지인 남한 지역을 해방시켜 통일하려 했다는 전쟁이었다는 것이다. 그리고 북한은 자기들이 멸망당하지 않았기 때문에 이겼다는 뜻에서 휴전 기념일을 전승절(戰勝節)로 기념하고 있다.

중국은 미국에 대항하여 북한을 지켜 주었던 전쟁이라는 뜻에서
'항미 원조(抗美援朝) 전쟁'으로 부르고 있다. 이와는 달리 일본은
지명을 따라 '조선 전쟁(朝鮮戰爭)'으로 부르고 있다.

미국은 한국 땅에서 일어난 전쟁이라는 뜻에서 '한국 전쟁'(the
Korean War)으로 부르고 있다. 우리나라 국방부도 최근까지 '한국
전쟁'이란 명칭을 사용해 왔다.

대한민국은 전쟁 당시 그것을 '6 · 25 동란'이나 '6 · 25 사변'으로
불렀다. 유엔의 결의로 자유선거를 통해서 세워지고 승인된 합법
적인 국가인 대한민국에 대해 북한 공산 집단이 일으킨 반란이라는
의미였다. 그러나 전쟁이 일어난 지 70년이 되어 가는 지금에 와서
그러한 명칭은 거의 사용되지 않는다.

가장 큰 이유는 그동안 한국 사회에서 반공 정신(反共情神)과 북
한에 대한 적개심(敵愾心)이 약해졌기 때문이다. 그리고 북한도 우
리와 대등한 유엔 가입국이라는 생각이 강하기 때문이다.

'6 · 25 전쟁'이 '한국 전쟁'보다 더 적합

지금 대한민국 사회에는 '한국 전쟁'으로 부르는 사람들이 많다.
가장 큰 원인은 영어 사용권에서 공부했거나 영어로 된 책을 많이
읽은 사람들이 'the Korean War'라는 단어에 익숙해졌기 때문이
기도 하다.

그러나 '한국 전쟁'이란 명칭은 북한이 남한을 먼저 공격한 침략
전쟁이라는 사실이 가려져, 누가 가해자고 누가 피해자인지 모르게
하는 문제점이 있다. 따라서 '한국 전쟁'은 1950년 6월 25일의 북한
의 남침으로 시작된 전쟁이라기보다는 그 이전에 38선에서 일어났
던 많은 충돌의 연장으로 보이게 한다.

따라서 '한국 전쟁'은 북한과 김일성의 전쟁 책임을 면제시켜 주고

남·북한 모두가 책임이 있는 것처럼 얼버무릴 수도 있는 용어이다. 그 때문에 북한의 전쟁 책임을 분명히 하기 위해서는 '6·25 남침 전쟁'으로 부르는 것이 좋다.

지금 대한민국의 교과서는 그 전쟁을 '6·25 전쟁'으로 부르고 있다. 그 명칭은 북한의 전쟁 책임을 명확히 표시하고 있지는 않지만, 적어도 그 전쟁이 1950년 6월 25일 북한의 남침으로 시작된 것으로 볼 수 있는 장점이 있다.

북한의 오판을 부른 애치슨 발언

북한이 남침할 당시 대한민국은 건국된 지 1년 10개월밖에 안 된 신생국(新生國)이었다. 그것은 1948년의 제주도 4·3 사건, 여수·순천 10·19 사건 등으로 치안(治安)을 제대로 유지하지 못하고 있었다. 6·25 전쟁이 일어나기 몇 달 전인 1950년 초에 와서야 겨우 지리산 속의 공산 게릴라들을 완전히 제압할 수 있었을 정도로 군사력이 약했다.

1949년 6월에 미군이 철수하자 북한군이 쳐들어올 것이라는 소문이 파다했다. 이승만 대통령은 미국에 군사 원조와 군사 동맹 체결을 거듭 요구했지만 번번이 거부당했다. 당시 미국은 대한민국을 전략적으로 그다지 중요하지 않게 보았던 것이다.

그러한 미국의 입장은 1950년 1월 초, 진보적인 미 국무장관 애치슨(Acheson, Dean)의 기자 회견에서 드러났다. 그것은 대한민국이 타이완(중화민국)과 함께 미국의 극동(極東) 방어선 안에 포함되지 않았음을 확인한 선언이었다.

애치슨은 두 나라가 침략을 받게 될 경우에 유엔의 도움을 기대할 수도 있을 것이라는 말을 덧붙이기는 했지만, 실현 가능성이 거의 없는 말이었다. 당시 유엔은 탄생된 지 얼마 되지 않았기 때문에 군사 행동의 조건을 갖추지 못했던 것이다.

북한, 소련, 중공의 3자가 공모한 국제 전쟁

애치슨의 발언은 북한의 김일성에게는 고무적인 소식이었다. 김일성은 이미 10개월 전인 1949년 3월, 소련으로 스탈린을 찾아가 남침 허락을 요청해 놓은 상태였다.

스탈린은 미국과의 충돌을 우려해 당장 남침을 허락하지는 않았다. 그러면서 중공의 마오쩌둥(모택동)과 상의해 보라는 말로 책임을 떠넘겼다. 그러고는 북한에 탱크, 항공기, 중포(重砲) 같은 공격용(攻擊用) 무기를 계속 보내 주었다.

애치슨의 발언으로 힘을 얻은 김일성은 1950년 3월, 중국으로 가서 다시 남침 지원을 요청했다. 마오쩌둥은 소련의 공군 지원이 있으면 돕겠다고 약속했다. 남침이 확실하게 되자, 스탈린은 전쟁을 직접 지도해 줄 경험을 가진 작전(作戰) 전문가들을 북한에 파견했다. 이렇게 해서 김일성이 주도하고, 스탈린이 승인하고, 마오쩌둥이 지원한 6·25 남침 전쟁의 준비가 끝났다.

그러므로 6·25 전쟁은 준비 단계부터 소련과 중국이라는 외세가 깊숙이 개입한 전쟁이었다. 그러므로 그것은 한국인들의 내전(內戰)의 차원을 넘는 강대국들의 국제전(國際戰)이었다.

공격용 무기를 갖지 못한 한국군

1950년 6월 25일 새벽 4시, 탱크, 비행기, 중포 등의 공격용 무기를 앞세운 북한군이 일제히 38선을 돌파하여 한국군을 공격했다. 북한군의 전력은 240대의 전차와 100여 대의 항공기를 가진 20만 대군이었다.

그중에는 중국 공산당에 들어가 중국 내전에서 전투 경험을 쌓은

3만 명의 한인 공산주의자들도 있었다.

이에 맞선 한국군의 병력은 10만 명이었으나, 상당수가 후방에 배치되어 있었다. 탱크는 1대도 없었고, 소련제 탱크를 격파할 만한 대전차포도 없었다. 불리한 상황에서 한국군은 병력은 2배, 장비는 3.2배로 우세한 적군의 기습을 받았던 것이다.

북한은 대한민국이 먼저 공격했다고 주장했지만, 공격용 무기를 가지지 못한 나라가 먼저 공격할 수는 없는 것이었다. 또한 먼저 공격한 나라가 3일 만에 자기네 수도(서울)를 적군에게 점령당하는 경우도 있을 수 없는 것이었다.

한국군은 불리한 조건에도 불구하고 잘 싸웠다. 후방으로 외출 나왔던 군인들은 거의 예외 없이 서둘러 부대로 돌아갔다. 탱크를 파괴할 무기가 없었기 때문에 병사들이 직접 수류탄을 들고 적 탱크에 뛰어드는가 하면, 곡사포를 커브길에 설치하고 적 탱크가 가까이 왔을 때 직사포처럼 쏘고 산화하기도 했다.

군 수뇌부의 의심스러운 행태

기습을 당하기 직전에 한국군 내부에도 이상한 징후가 있었다. 남침이 있기 2주 전인 6월 10일에는 군 수뇌부의 대대적인 인사이동이 있었다. 그 때문에 대부분의 사단장이 자기 부대의 현황을 제대로 파악할 수 없게 되었다.

또한 남침이 일어나기 이틀 전인 6월 23일 자정에는 2주 전에 발동했던 비상경계령(非常警戒令)이 해제되었다. 그리고 남침 전날인 6월 24일에는 38선 근무 병력의 3분의 1이 휴가를 가고, 나머지 병사들도 외출, 외박을 나갔다.

또한 그날 밤에는 육군장교구락부 개관 축하 연회가 열려 채병덕 총참모장과 장도영 정보국장을 비롯한 군 수뇌부와 주요 지휘관들이 밤늦게까지 술을 마셨다. 그것이 끝난 다음 마련된 2차 주연은 새벽 2시까지 계속되었다. 술값은 나중에 간첩으로 처형된 국제신문 편집국장 정국은이 부담했다. 그러므로 지휘관들이 새벽에 북한군의 남침 보고를 받았을 때는 술이 깨지 못한 상태였다.

이와 같이 연달아 일어난 불상사들은 우연으로만 보기 어려웠다. 그 때문에 군 수뇌부 안에 적군과 내통한 반역자들이 있었다는 의심이 일어나게 되었던 것이다. 실제로 남침 전에 일부 군 고위 간부들은 동해안 등지를 통해 북한과 불법적인 밀무역(密貿易)을 하고 있었다.

정부의 조급한 대전 피란

6월 27일 새벽, 이승만 대통령은 특별 열차로 서울을 떠나 대전의 충남 도청에 자리를 잡았다. 이승만은 후퇴하지 않으려고 했다. 그러나 대통령이 적군에게 잡히면 상황이 어렵게 된다는 주변의 강력한 권고로 서울을 떠났던 것이다.

6월 28일 새벽, 창동-미아리 전선이 무너지면서 적군이 서울로 들어오기 시작하자, 육군 공병대는 새벽 2시 30분경 한강 다리를 폭파했다. 지금 돌이켜 보면, 그 폭파는 시간적으로 약간 이른 것이었다. 그 때문에 많은 사람들이 한강을 넘지 못하고 서울에 남아 적군에게 수난을 당했다.

대전에서 이승만은 무초 미국 대사로부터 미군의 참전 결정 소식을 들었다. 대통령은 국민을 격려하기 위해 서울 중앙라디오 방송국에 전화를 걸어 메시지를 녹음 방송하도록 했다. 그러나 방송은 서울 시민을 더욱 더 혼란스럽게 만든 결과만 가져왔다.

북한군에 의해 점거된 서울 중앙라디오 방송국은 즉각 그 방송을 중단시켰다. 그러고는 3명의 저명 인사들에게 북한의 남침을 찬양하는 방송을 하도록 했다.

예상하지 못한 미국의 신속한 행동

뜻밖에도 미국 정부는 군사적 개입을 향해 신속하게 움직였다. 트루먼(Truman, Harry) 대통령은 좌파들이 많은 민주당 소속이었지만, 공산주의에 대해서는 단호했던 인물이었다. 그는 북한군의 남침을 소련의 침략 행위로 보고 있었다.

미국의 주도로 유엔은 대한민국에 대한 군사적 원조를 결의했다. 그에 따라 6월 29일에는 일본에 있는 미 극동군 육군 사령관 맥아더(MacArther, Douglas: 1880~1964)가 전쟁 현황을 살피기 위해 수원으로 날아왔다. 그는 이승만을 만난 다음 한강 전선을 시찰하고 나서 한국인들이 싸울 의지가 있음을 확인했다.

그는 즉시 그날로 미 공군의 평양 폭격을 명령했다. 미 해군도 한반도를 향해 움직이기 시작했다.

무엇보다도 지상군의 투입이 시급했다. 그 때문에 맥아더는 우선 일본의 미 제24사단 병력 일부를 '스미스 특수 임무 부대'로 파견했다. 그러나 그 부대는 북한군을 가볍게 보다가 경기도 오산의 죽미령에서 북한군에게 크게 패배하고 말았다.

국토의 90%를 빼앗긴 상태의 낙동강 전선

그 이후 한국군과 유엔군은 남쪽으로 계속 밀려 내려갔다. 8월 1일, 낙동강까지 밀리고 나서야 최후의 방어선을 구축할 수 있었다. 대한민국 정부는 한반도의 남쪽 끝인 부산으로 옮겨가 있었다. 대한민국은 국토의 90%를 잃은 상태였기 때문에 항복은 시간 문제인 것 같았다.

그러나 미군을 주축으로 한 유엔군이 계속 한국에 도착하면서 숨을 돌린 국군도 재편성되기 시작했다. 그래서 전선은 더 이상 밀리지 않았다. 초조해진 북한군은 부산 점령을 목표로 8월 5일부터 5차에 걸쳐 대대적인 공격을 했다. 그러나 북한군은 끝내 낙동강을 건너지 못했다.

유엔군의 개입과 전세의 반전

맥아더는 전세를 획기적으로 뒤집기 위해 북한군의 보급로(補給路)를 끊으려고 했다. 그에 따라 9월 15일, 260여 척의 함정을 동원한 인천 상륙 작전을 감행했다. 한국군은 육군 제17연대, 해병 제1연대가 참가했다. 상륙군은 서울로 진격하기 시작했다.

이튿날, 낙동강 전선에서도 유엔군과 한국군은 반격을 시작해 북한군을 북쪽으로 밀어부쳤다. 퇴로가 막힌 북한군은 지리산, 오대산, 태백산 등으로 들어가 게릴라가 되었다.

마산, 창원 방면의 북한군은 서해 바다를 통해 북한으로 가기 위해 서해안으로 몰렸다. 그 때문에 영암군과 부안군 등 전라남북도의 여러 지역에서 많은 민간인이 학살당했다.

한국군과 유엔군은 9월 28일, 서울을 탈환하고 북쪽으로 진격을 계속했다. 이때 38선을 넘어서 북한 땅으로 진격하느냐, 아니면 38선에서 진격을 멈추느냐 하는 문제가 일어났다.

이승만 대통령은 유엔의 승인 없이 이북으로 진격할 것을 정일권 육군 참모총장에게 명령했다. 대통령의 명령을 받은 한국군은 단독으로 10월 1일, 38선을 넘어 북진하기 시작했다. 나중에 그날은 '국군의 날'로 지정되었다.

압록강까지 진격한 한국군과 유엔군

미국 정부 안에서는 38선 넘는 문제를 놓고 논쟁이 벌어졌다. 그러나 10월 7일에 유엔 총회가 '통일 한국안'을 승인했기 때문에, 38 선 이북으로의 진격은 당연하게 되었다. 이제 전쟁은 남침 이전의 상태로 되돌리려는 '봉쇄 전쟁'으로부터 북한 땅을 회복하려는 '롤백(rollback) 전쟁'으로 바뀌게 되었다.

북한군은 사실상 궤멸되었기 때문에 한국군과 유엔군의 북진은 빨랐다. 10월 10일에는 원산을 점령하고, 10월 19일에는 평양을 탈환했다. 10월 26일에 한국군 선발대는 평안북도 압록강변의 초산을 점령했다. 11월 1일에 미군은 신의주 남방 27km 지점의 정거동까지 진출했다. 한반도 통일이 곧 이루어질 것 같았다.

중공군 개입 문제에 대한 유엔군의 오판

이때 중공군이 전쟁에 개입했다. 6·25 남침이 시작될 당시, 중공군은 개입할 필요가 있을 것을 예상하고 7월부터 만주의 압록강변으로 이동하기 시작했다.

한국군이 38선을 넘기 전날인 9월 30일, 중공군은 유엔군이 38선을 넘으면 개입할 것임을 경고했다. 이때 중공군의 입장은 "입술이 없으면 이가 시리다."〔순망치한: 脣亡齒寒〕는 것으로, 북한이 무너지면 중국 대륙의 공산 체제가 위험하다는 것이었다.

중공군은 10월 25일부터 전선에 나타나기 시작했다. 그들은 은밀히 침투해 한국군과 유엔군의 후방으로부터 공격해 왔다. 그 때문에 한국군과 유엔군은 많은 희생을 치르고 11월 7일, 청천강 선으로 물러나게 되었다.

유엔군 총사령관 맥아더는 중공군의 규모가 크지 않은 것으로 판단했다. 그러고는 크리스마스까지 전쟁을 끝낸다는 목표로 11월 24일 총공세로 나갔다.

그러나 그것은 이튿날부터 중공군의 대대적인 반격에 부딪혔다.

그 때문에 한국군과 유엔군은 평안북도의 정주-운산-덕천 선에서, 그리고 함경남도의 장진호 부근에서 크게 고전했다. 북한군은 게릴라 활동으로 중공군을 도왔다.

중공군의 '인해전술'에 밀린 한국군과 유엔군

서부 전선의 한국군과 유엔군은 한·만 국경선을 눈앞에 둔 채 후퇴를 시작했다. 그래서 12월 4일에는 평양을 적에게 내주고, 12월 말에는 38도선 부근까지 물러났다. 동부 전선의 한국군과 미군은 중공군에게 퇴로가 막히자, 흥남 항구를 통해 해상으로 철수하게 되었다(흥남 철수).

이때 중공군은 인명을 아끼지 않고 무한정의 인력을 전선에 투입하는 '인해전술'(人海戰術)을 썼다. 그것은 화력의 열세를 인력으로 보충하기 위한 것이었다.

그러나 그것은 중국 내전(內戰)에서 포로로 잡은 장제스의 국민당군을 싸움터에서 소모시키려는 마오쩌둥의 잔혹한 정치적 술수(術數)로 볼 수도 있었다. 실제로 전선 사령관 펑더화이(팽덕회)는 중공군 병사들이 충분한 훈련과 무장을 갖춘 다음에 전선에 투입되어야 한다고 여러 차례 건의했으나, 그때마다 마오쩌둥이 반대했던 것이다.

원자탄 사용 가능성을 언급

38도선에 도달한 중공군은 12월 31일, 일제히 서울을 향해 공격하기 시작했다. 그러자 한국군과 유엔군은 1951년 1월 4일, 서울을 비우고 평택-삼척 선으로 물러났다.

이때 미국은 원자탄의 사용 문제를 심각하게 생각하고 있었다. 1950년 11월 30일, 트루먼 대통령이 원자탄을 사용할 수도 있다는 의사를 비추자, 깜짝 놀란 영국의 애틀리(Attlee, Clement) 수상이 그것을 막기 위해 미국으로 급히 날아갔다. 사회주의적인 노동당 정권은 홍콩의 보존과 중국 대륙과의 무역을 계속하기 위해 중공과의 전쟁을 회피하려 했던 것이다.

1950년 12월 9일에는 유엔군 총사령관 맥아더가 원자탄 사용권을 요구하기도 했다.

후퇴만 하던 한국군과 유엔군도 1951년 1월 25일부터 반격에 나섰다. 그래서 3월 15일에 서울을 다시 찾았다. 그리고 3월 말에는 38도선에 이르렀다.

소련 공군의 은밀한 참전

한편, 소련은 1950년 12월부터 공군을 파견해 은밀하게 중공군과 북한군을 도왔다. 소련의 전투기들은 만주에 기지를 두면서 중공군의 보급로를 보호하기 위해 청천강 이북의 평안북도 상공으로 출격했다. 당시 소련은 최신예기인 미그 15기들을 투입하여 적지 않은 유엔기들을 격추시켰다.

유엔군은 그것에 맞서기 위해 새로 개발된 F-86을 투입하기 시작했다. 그에 따라 소련군 조종사들의 희생도 적지 않았다.

그러나 소련군과 미군은 이처럼 실전에서 부딪히면서도 그 사실을 공개적으로 인정하지 않았다. 소련군의 참전 사실이 드러날 경우에 미국과 소련은 복잡한 국제 문제에 휘말릴 것을 우려했던 것이다.

어느 쪽도 이기기 어렵게 된 전쟁

1951년 4월에 중공군이 최후의 대규모 공격을 시작함에 따라 한국군과 유엔군은 다시 후퇴했다. 그러나 유엔군은 곧 반격에 나서

6월에는 세 번째로 38도선을 회복했다.

그러나 유엔군은 더 이상 북쪽으로 진격하지 않았다. 그들이 공격할 힘이 있었음에도 불구하고 중단한 것은 미국 정부의 휴전(休戰) 방침 때문이었다. 그에 따라 전선은 38선 부근에서 고착화되었다. 그에 따라 전투는 국지전(局地戰) 형태로 소모전(消耗戰)만 되풀이했다.

이와 같은 미국 정부의 제한 전쟁(limited war) 계획에 대해 야전군의 맥아더가 반발했다. 맥아더는 전쟁을 시작했으면 이겨야 하며, 이기기 위해서는 38선 이북으로 진격해야 한다고 주장했다. 그리고 중공군의 보급로를 끊기 위해 중국 해안의 봉쇄와 만주에 대한 폭격을 주장했다.

그러나 1951년 4월 11일, 트루먼 대통령은 확전파인 맥아더를 해임했다. 그리고는 7월 10일부터 휴전 협상을 시작했다. 완전한 군사적 승리가 불가능하다는 것이 판명된 이상, 명예롭게 전쟁을 끝내자는 것이 미국 정부의 입장이었다.

북한의 휴전 의지를 억누른 중공과 소련

북한도 휴전하려고 했다. 그동안 유엔군의 항공 폭격으로 북한 영토는 초토화하고, 그 주민은 지쳐 있었기 때문이다. 그러나 소련과 중공(중국)은 휴전을 허락하지 않았다.

전쟁이 계속되면, 소련에게는 중공을 소련에 대해 계속 의존하도록 만드는 잇점이 있었다. 그리고 미군을 극동에 묶어 두어 유럽 문제에 개입하지 못하게 하는 이점도 있었다.

중공에게 전쟁의 계속은 1949년에 막 태어난 공산 정권이 내부 결속을 다질 수 있는 기회가 되었다. 특히 내전에서 포로로 잡은 장제스의 국민당군을 한반도의 전선에 내보냄으로써 그 세력을 약화시키거나 공산주의 이념으로 재교육시킬 수 있었다. 게다가 소련의 지원을 받아 군사력을 강화하는 이점이 있었다. 특히 중공은 공군 창설에 가장 큰 관심이 있었다.

그 때문에 소련과 중공은 김일성의 간절한 휴전 요청을 여러 차례 거부했다. 그 때문에 1951년 7월 10일에 시작된 휴전 회담이 2년 이상을 끌어 1953년 7월 27일에야 끝을 맺었다. 그동안 양측은 막대한 인명 피해를 내게 되었다.

휴전을 어렵게 만든 포로 교환 문제

휴전 회담에서 공산군 측과 유엔군 측은 여러 문제를 놓고 충돌했다.

휴전선(군사 분계선) 설정 문제에 있어서 공산 측은 전쟁 이전의 38선을 고집했다. 하지만 결국 공산 측은 유엔군 측이 주장하는 현재의 군사 접촉선에 동의하게 되었다.

포로 교환 문제에 있어서 공산 측은 제네바 협약의 '자동 송환 원칙(강제 송환 원칙)'에 따라 모든 포로는 무조건 원래의 국가로 송환되어야 한다고 주장했다. 그러한 원칙은, 제2차 세계대전이 끝났을 때 소련이 독일과 일본의 포로를 즉각 돌려 보내지 않고 강제 노동을 시켰던 잘못을 고치기 위한 것이었다.

자동 송환 원칙에 따르게 되면, 북한군 포로와 중공군 포로는 무조건 북한과 중공으로 돌아가야 했다. 그러나 그들 가운데는 남한이나 타이완(중화민국)에 남기를 원하는 반공(反共) 포로들이 너무나 많은 것이 문제였다.

그러므로 유엔 측은 포로 본인의 개인 의사에 따라 운명을 결정하자는 '자유 송환 원칙'을 내세웠다. 그 원칙을 적용하면, 13만 명의 공산 측 포로 가운데 5만 명이 남한이나 타이완에 남게 될 것이었다. 그러므로 공산 측은 격렬히 반대했다.

휴전을 관철시키기 위한 유엔 공군의 북한 맹폭

의견이 충돌할 때마다 유엔군 측은 공산 측의 고집을 꺾기 위한 방법으로 항공기로 북한 지역을 맹렬히 폭격했다. 대표적인 것이 1952년 6월의 수풍 댐 등 4개 주요 댐과 발전소에 대한 폭격, 그리고 7,8월의 평양을 비롯한 주요 도시들에 대한 폭격이었다. 그 결과, 북한 지역은 초토화(焦土化)했다.

1953년 3월, 미국에서는 아이젠하워(Eisenhower, Dwight)의 공화당 정부가 출범했다. 그는 6·25 전쟁을 끝내겠다는 공약(公約)으로 대통령에 당선되었기 때문에 휴전 협상을 마무리하는 데 적극적이었다.

아이젠하워 대통령은 공산 측을 휴전 회담장에 나오도록 압박하기 위해 새로운 공격을 지시했다. 원자 폭탄 사용 가능성도 언급했다. 1953년 5월에는 평양 근처의 저수지들을 폭격해 물난리를 겪게 했다. 이에 대응하여 공산 측도 5월과 7월 사이에 세 차례의 공세를 펼쳤다. 그 때문에 양측의 희생은 아주 컸다.

동맹국을 얻으려는 이승만의 '벼랑 끝 전술'

휴전에 반대하던 스탈린이 1953년 3월에 죽으면서 휴전 협정은 타결될 듯이 보였다.

그러나 이승만의 대한민국 정부는 휴전을 달가워하지 않았다. 휴전은 한국에 통일을 가져오지도 못한 채 파괴와 죽음만을 남길 것이기 때문이다. 그러나 휴전 협정이 체결될 것이 분명했으므로 이승만은 휴전에 동의해 주는 대가로 미국으로부터 최대의 지원을 끌어내고자 했다.

이승만의 요구 가운데는 한국군 20개 사단의 무장을 포함한 군사력 증강이 있었다. 또한 미국과의 방위 동맹 체결에 대한 요구도 있었다. 휴전이 되어 미군이 철수하게 되면 대한민국은 또다시 침략 위험에 놓일 것이기 때문이다.

그러나 미국은 이승만 정부의 의사와는 상관없이 공산 측과의 휴전 협정에 서명하려고 했다.

그러자 이승만은 미국의 일방적인 행동을 막기 위해 극단적인 조치를 강행했다. 1953년 6월 19일, 그는 유엔군 측과는 상의 없이 2만 7천 명의 반공 포로를 갑자기 석방하는 대담한 행동을 했다. 그것은 공산 측을 격분시킴으로써 휴전 회담을 완전히 깨뜨릴 위험이 있었다.

한·미 상호 방위 조약에 동의할 수밖에 없었던 미국

이 사건을 계기로 미국은 또다시 이승만을 정치적으로 제거하려는 계획을 실천하려 했다. 미국은 그동안 미국의 정책을 고분고분 따르지 않던 이승만을 제거하려는 '상비(常備, Ever-ready)' 계획을 세워 놓고 있었던 것이다.

그러나 미국은 그것을 실행하지 않았다. 그만큼 강력한 반공 지도자가 없었기 때문이다. 그 대신 미국은 이승만을 달래려고 했다. 그의 동의 없이는 휴전할 수 없다고 판단한 것이다.

결국 미국은 이승만의 요구대로 한·미 상호 방위 조약 체결을 약속했다. 이승만도 휴전 반대 의견을 거두었다.

1953년 7월 27일 10시에 휴전 협정이 조인되었다. 그리고 22시를 시작으로 전선에서는 모든 적대 행위가 중지되었다. 3년 1개월간의 '열전(熱戰)'이 끝난 것이다. 그리고 세계는 다시 냉전(冷戰)으로 돌아갔다.

전쟁의 결과는 '한국의 파괴', '일본의 부흥'

6·25 전쟁의 인적 손실은 그 이전의 어느 단일 전쟁보다도 컸다. 사망자는 총 130만이었다(남한 60만 명, 북한 70만 명). 외국 군대의 사망자는 중공군 18만 4천 명, 유엔군(주로 미군) 3만 6천 명이었다. 실종자와 부상자까지 포함한다면 사상자는 남한 약 137만 명, 북한 258만 명, 중공군 73만 명, 유엔군 12만 명으로 총 480만 명이었다.

물적 손실도 심각한 것이었다. 6·25 전쟁은 일제의 식민지 상태를 겨우 벗어난 신생국의 생산 기반을 거의 대부분 잿더미로 만들었다. 남한과 북한은 비슷하게 각각 4,123억 환, 4,200억 원의 피해를 입었다.

한반도가 초토화한 것과는 달리, 일본은 6·25 전쟁으로 제2차 세계대전의 피해로부터 회복했다. 6·25 전쟁은 불황의 늪에 빠져 있던 일본 경제를 살려 주었다. 1950~1953년 기간에 일본은 군수품 납품으로 11억 달러 넘게 벌었다.

북한군은 3개월 간의 남한 점령 기간에 공산 혁명(共産革命)을 추진했다. 북한군은 대한민국이 전쟁 직전에 시작했던 농지 개혁을 무효화하고 북한식 토지 개혁을 실시한 것이다.

그러나 남한의 농민들은 심정적으로 그것을 지지하지 않았다. 그것은 농민에게 농지의 소유권(所有權)이 아닌 경작권(耕作權)만 주는 제한적인 조치였기 때문이다. 따라서 대부분의 남한 농민들은 대한민국에 대한 충성심을 유지하게 되었다.

전쟁 중 북한의 강제 동원, 인민재판, 학살

북한군의 점령 정책 가운데서 남한인들을 가장 많이 괴롭혔던 것은 전시 동원이었다. 그것은 북한군을 위한 근로 동원과 물자 공출이었다.

보다 더 가혹한 것은 의용군이란 이름으로 남한의 남자들을 징집해 전선에 투입한 것이었다. 그 숫자는 무려 40만 명에 이르렀다. 그 가운데 상당수가 낙동강 전선에서 한국군과 유엔군에게 희생되었다.

북한군과 남한 좌익들의 대한민국 국민에 대한 학살도 많았다. 북한군은 이른바 ‘인민재판’이라는 요식 행위를 통해 남한의 지도층 인사와 우익들을 간단히 처형했다. 그것은 주로 서울과 경기도 일대에서 이루어졌다.

후퇴하는 북한군과 좌익에 의한 민간인 학살도 많았다. 가장 대표적인 것이 1950년 11월, 전라남도 영암군, 전라북도 부안군, 그리고 광주 교도소, 전주 교도소 등의 대학살이었다.

그것은 마산, 창원 방면의 북한군이 선박을 이용해 북한에 가기 위해 전라남북도 해안 지대로 몰려들었기 때문에 일어났다. 국군과 유엔군은 북쪽으로 진격하느라고 호남 지역의 학살 사태에 대해 관심을 갖지 못했던 것이다.

여기에 덧붙여 북한군은 후퇴하면서 12만 이상의 남한 인사들을 북한으로 납치해 갔다. 북한의 부족한 인력을 보충하고 자진 월북을 가장한 선전 효과를 노렸기 때문이었다.

전쟁 중 남한의 ‘부역자’ 응징

국군과 경찰에 의해 희생당한 민간인도 적지 않았는데, 그 대표적인 경우가 보도연맹(保導聯盟) 사건이었다. 보도연맹은 6·25 전쟁 전에 좌익이었다가 반공주의자로 전향(轉向)했던 사람들의 조직이었다.

그러나 6·25 전쟁에서 북한군이 승리하게 될 것같이 보이자, 수

도권의 일부 보도연맹 가입자들이 다시 공산주의자로 전향하는 일
이 일어났다. 그들은 북한군을 돕고 우익 인사들을 학살하는 데 가
담했다.

그 소식이 후퇴하는 국군과 경찰에게 알려지면서 남쪽 지역의 보
도연맹 가입자들이 피해를 입게 되었다. 지역에 따라 사정이 다르
기는 했지만, 북한군에 협력할 위험성이 있다는 이유로 예비 검속
되어 즉결 처형되는 일들이 일어났기 때문이다.

1950년 9월 28일, 한국군과 유엔군에 의해 서울이 수복되자, 북
한군 치하에서 공산 측에 협조한 '부역자들'에 대한 처벌이 시작되
었다. 그들에게 적용된 법은 국가보안법, '비상사태하 범죄 처벌에
대한 특별조치령', '부역행위자 특별처리법'이었다.

북한 통치 문제를 둘러싼 한국과 유엔의 갈등

1950년 10월, 한국군과 유엔군이 북한 땅을 점령했을 때 통치권
을 둘러싼 분쟁이 일어났다.

이승만 대통령은 북한이 대한민국 영토이므로 대한민국 정부가
통치해야 한다고 주장했다. 그래서 10월 12일, 내무부 장관 조병옥
이 '북한에 대한 시정 방침'을 공포하고 남한의 경찰과 '대한청년단'
을 투입했다.

그러나 유엔군은 북한에 직접 군정(軍政)을 실시하려고 했다. 그
들은 광복 후의 남한처럼 유엔 감시 아래 총선거를 실시해서 국회
를 구성한 다음, 대한민국과 통합하려고 했다.

그러나 북한을 점령한 기간이 너무 짧았기 때문에 대한민국 정부
와 유엔 사이의 갈등은 커지지 않았다. 그래서 잠시나마 북한 통치
는 대한민국 정부의 행정(行政)과 유엔군의 군정(軍政)이 혼합된 형
태로 이루어졌다.

형식적으로 북한은 '유엔한국통일부흥위원단(UNKURK)'에 의해 통치되는 것으로 되어 있었다. 하지만 실제로 북한은 유엔군 장교 밑에서 남한의 경찰과 '서북청년단' 같은 우익 청년단이 통치하도록 했던 것이다.

약소국 생존의 필수 조건인 동맹

전쟁의 참화 속에서 대한민국 국민은 귀중한 역사적 교훈을 얻었다. 즉, 약소국이 국제 사회에서 생존하기 위해서는 반드시 강대국을 동맹국으로 삼아야 한다는 것이다.

이 교훈은 일찍이 조선 왕조 시대에 터득한 진리였다. 조선 왕국은 16세기 말 7년간의 임진왜란에서 멸망할 위기에 있었다. 정규군이 쉽게 무너지고 민간인으로 구성된 의병(義兵)만이 남아 있었기 때문이다. 그런데도 조선 왕국이 일본에 멸망되지 않은 것은 명(明)이라는 동맹국(同盟國)이 있었기 때문이다.

조선 왕국 말기의 고종(高宗)도 그러한 동맹의 필요성을 알고 있었다. 그러나 오랜 동맹국인 청(淸)나라는 쇠망해 가고 있었기 때문에 새로운 동맹국을 찾아야 했다. 동맹국의 조건은 한반도에 대한 '영토적 야심이 없어야' 했다.

그러한 요건에 맞는 강대국은 미국뿐이었기 때문에 고종은 미국과 손을 잡으려고 노력했다. 그러나 20세기 초의 미국은 그러한 국력을 갖추지 못했을 뿐만 아니라, 심정적으로나 실리적으로나 일본의 편이었다. 그 때문에 조선 왕국은 동맹국을 찾지 못한 상태에서 멸망했던 것이다.

미국을 동맹국으로 붙잡은 대한민국

미국과의 동맹은 대한민국이 6 · 25 전쟁을 치르고 나서야 이루어졌다. 그것은 고종의 통치기에 독립협회 활동을 통해 국권 수호 투쟁을 했던 이승만이 대통령이 됨으로써 가능하게 되었다. 구한말에 이승만도 고종 황제처럼 미국과의 동맹의 필요성을 절실히 느끼고 있었던 것이다.

6·25 전쟁 때도 미국은 대한민국과 동맹을 맺으려 하지 않았다. 미국을 위험에 빠뜨릴 분쟁에 휘말릴 가능성이 있다고 생각했기 때문이다. 하지만 미국은 결국 동맹 체결에 동의했다. 미국의 휴전을 방해하는 이승만을 달래기도 해야 했지만, 공산주의 국가들과의 대결에서 대한민국만 한 반공(反共)의 보루(堡壘)를 찾기도 어려웠기 때문이다.

1953년 10월, 한·미 상호 방위 조약을 체결할 당시 이승만 대통령은 그것이 '우리 후손들'에게 큰 혜택을 줄 것이라고 말했다. 그의 판단은 적중했다. 미국이 쌓아 놓은 안보(安保)의 울타리 안에서 대한민국은 1960년대부터 경제 성장에 전념할 수 있었기 때문이다. 그 결과, 대한민국은 세계 10대 경제 대국(經濟大國)으로 발전하게 되었다.

6·25 전쟁에 대한 '전통주의적 해석'

6·25 전쟁은 '자유 진영'과 '공산 진영' 사이에 벌어진 이념적·정치적·군사적 대결의 한 부분이었다. 따라서 6·25 전쟁에 대한 평가는 냉전(冷戰)에 대한 평가와 연결되어 있다.

냉전이 왜 시작되었는가 하는 문제에 대한 최초의 회답을 내놓은 학자들은 우파 성향의 전통주의(傳統主義) 학파였다. 이 학파는 냉전의 책임이 소련에 있다고 보았다. 제2차 세계대전 직후 소련의 스탈린은 동유럽과 남유럽, 중동과 동아시아로 공산주의를 확산시켜 거대한 제국(帝國)을 건설하고 있었는데, 미국의 트루먼이 그것

에 대항해 자유 세계(自由世界)를 지키려 했던 것이 냉전의 시작이
었다는 것이다.

그러므로 6 · 25 전쟁은 스탈린의 세계 적화 전략(赤化戰略)의 한
부분으로 일어난 침략 전쟁이었다는 것이다. 즉, 그것은 동유럽을
공산화한 스탈린이 중국 공산당의 마오쩌둥과 모의해 김일성을 '하
수인'으로 내세워 남한을 공산화하려는 침략 전쟁이었다는 것이다.
따라서 6 · 25 전쟁의 근본 원인은 스탈린의 '침략적 제국주의'였다
는 것이다(David Dallin, Thomas Wolfe 등).

소련이 전쟁 책임을 져야 할 이유

그것은 스탈린이 6 · 25 전쟁에서 무엇을 노렸는가를 보면 알 수
있다고 전통주의 학파는 다음과 같이 지적하고 있다.

첫째, 미국이 유럽에서 북대서양동맹기구(NATO)를 창설해 소련
을 포위하려고 하자, 소련이 미국의 군사력을 극동 쪽으로 분산시
키기 위해 6 · 25 전쟁을 일으켰다는 것이다(Adam B, Ulam).

둘째, 미국은 앞으로 제2차 세계대전의 패전국인 일본과 평화 조
약을 맺을 때 소련을 참여시키지 않을 것이 확실했는데, 그것을 알
게 된 소련이 미국을 압박하기 위해 6 · 25 전쟁을 일으켰다는 것이
다(George Kennan).

셋째, 스탈린은 항상 소련의 세력권을 확장하기 위해 세계의 허
약한 지점을 찾고 있었는데, 그때 마침 남한이 좋은 대상지로 떠올
랐다는 것이다. 남한은 1949년 6월 미군이 완전히 철수된 데다가
1950년 1월 국무장관 애치슨(Acheson, Dean)이 미국의 극동 방위
선에서 제외시킨 지역이었던 것이다.

넷째, 스탈린은 세계를 공산화한다는 거대한 전략을 세우고 있었
는데, 그것을 실천하기에 앞서 미국과 서방의 반응을 떠보기 위해

한반도에서 공격을 시도해 보았다는 것이다.

다섯째, 중국 대륙을 차지한 중국 공산당이 유고슬라비아처럼 소련으로부터 독립된 노선을 추구할 위험성이 있었는데, 소련은 그러한 중공의 힘을 약화시키기 위해 6·25 전쟁을 일으켜 미국과 싸우게 했다는 것이다(John Gunther).

여섯째, 소련은 제정 러시아 때부터 부동항(不凍港)을 얻으려는 한반도 정책을 펴 왔는데, 그것을 실현하기 위해 북한의 남침을 허락했다는 것이다.(Robert Slusser)

그러므로 미국 정부와 한국 정부의 6·25 전쟁에 관한 공식 전사(戰史)는 이와 같은 전통주의 학설에 토대를 두게 되었다. 그것들은 미 육군부가 애플먼(Appleman, Roy)의 편집으로 간행한 《낙동강에서 압록강까지》(*South to the Nakdong, North to the Yalu*, 1961), 그리고 대한민국 국방부가 내놓은 《한국 전란사》였다.

전통주의 학파의 주장은 나중에 신(新)전통주의 학파에 의해 보완되었다. 그것의 중요한 특징은 6·25 전쟁의 원인으로 한반도의 내부(內部) 요인을 강조한 것이었다.

그들은 6·25 전쟁의 책임을 소련과 중공에게 돌리면서도 전쟁을 제일 먼저 제안한 김일성과 박헌영에게도 돌렸다. 다시 말해, 6·25 전쟁은 국제 정치의 냉혹한 현실을 모르는 북한의 공산주의자들이 남한을 미 제국주의자들로부터 해방시켜야겠다는 허황된 사명감(使命感) 때문에 일으킨 실수였다는 것이다.

한국과 미국에 책임을 돌리는 '수정주의 학파'

이에 반발해 나온 것이 수정주의(修正主義) 학파였다. 그들은 전쟁 책임을 미국과 대한민국에 돌리면서 소련과 북한을 옹호하는 좌파적인 입장에 있었다.

그러한 견해를 처음 내놓은 사람은 6·25 전쟁 중에 책을 쓴 미국의 좌파 언론인 스턴(Stone, I.F.)이었다. 그는 1950년 5월 30일의 총선거에서 패배한 이승만 정권이 국내 위기로부터 벗어나기 위해 북한에 대해 전쟁을 도발했다고 주장했다. 또한 6·25 전쟁이 태평양 지역의 맥아더가 이승만, 장제스, 덜레스와 '공모(共謀)'해서 일으킨 전쟁이라는 주장도 있었다. 트루먼 행정부의 관심을 유럽에서 극동으로 돌리기 위한 것이었다는 주장이다.

좌파 교수인 플레밍(Fleming, D.F.)은 소련이 제2차 세계대전 전쟁으로 국력이 크게 약화되었기 때문에 미국을 상대로 모험적인 대외 정책을 펼 수 없었다고 주장했다.

이 밖에도 수정주의 학파는 여러 가지 주장을 내세웠다. 즉, 미국은 이승만을 하수인으로 내세워 북한을 침략하게 했다거나, 또는 북한을 침략할 구실을 마련하기 위해 북한의 남침을 유도했다는 주장도 있었다.

또한 미국은 북한 정복이 성공하면 대륙의 중화인민공화국까지 무너뜨리고, 나아가 소련과의 제3차 세계대전도 각오할 정도로 공산주의 타도에 열성적이었기 때문에 6·25 전쟁을 부추겼다는 주장도 있었다.

그리고 미국은 제2차 세계대전이 끝난 후에 줄어든 군비를 늘리고 군수 산업을 확장하기 위해 한반도에서 전쟁을 부추겼다는 주장도 있었다.

한때 수정주의에 열광했던 한국의 지식인들

이들의 주장은 신(新)수정주의(후기 수정주의) 학파에 의해 보완되었는데, 그들도 6·25 전쟁의 원인으로서 한반도 내부(內部)의 문제를 중요하게 보았다.

신수정주의자들에 따르면, 6·25 전쟁은 일제 식민지 시대부터 계속 커져 온 계급적 갈등의 폭발이라는 것이었다. 따라서 그것은 북한의 공산주의자들이 남한의 보수 반동주의자들을 타도하기 위한 계급 전쟁이었다는 것이다.

이러한 주장을 대표한 것이 좌파 교수인 커밍스(Cumings, Bruce)의 《한국 전쟁의 기원》이었다. 이 책은 1980년대의 한국에서 좌파 성향의 지식인들로부터 크게 환영을 받았다. 메릴(Merill, John)의 글도 인기가 있었다.

그들의 주장은 6·25 전쟁이 독립운동가들이 세운 좋은 나라인 북한과 친일파들이 세운 나쁜 나라인 남한 사이에 벌어진 한반도 안의 내전(內戰)이라는 생각을 퍼뜨리는 데 크게 기여하였다.

전쟁의 해석에서 균형을 잡으려는 노력들

그러나 수정주의 학파나 신수정주의 학파의 주장 가운데는 사실(facts)과는 맞지 않는 해석이 너무 많다. 그러므로 좌경한 학계의 균형(均衡)을 잡기 위해 김학준, 하영선, 김영호, 이완범 등의 학자들이 꾸준히 노력해 왔다. 최근에 와서는 남시욱, 김명섭 등의 새로운 연구가 힘을 보태고 있다.

그러나 6·25 전쟁이 지식인들의 해석(解釋) 위주로 이해되고 있는 지적 풍토(知的風土)는 건전한 것이 못 된다. 6·25 전쟁은 역사가들의 '해석'과는 상관없이 원래부터 존재했던 '사실(facts)'인 역사적인 사건이기 때문이다. 따라서 역사적 사건은 '해석'에 필요한 '사실'을 고르기보다는 '사실'로부터 '해석'을 이끌어 내야 제대로 이해되는 것이다.

그러한 의미에서 대한민국 국방부 군사편찬연구소가 2004~2013년에 걸쳐 펴낸 11권의 방대한 《6·25 전쟁사》는 특별한 가치가 있

어 보인다. 왜냐하면 그 책은 수많은 역사적 사실들을 상세히 제시
함으로써 역사가들의 해석에 앞서 사실(史實)부터 자세히 알아야 함
을 보여 주고 있기 때문이다. 따라서 그것은 역사학이 기본적으로
'과거에 실제로 일어났던 일'(what actually happened)을 기술하는
학문임을 새삼스럽게 확인해 주고 있다.

제11장 국가 정체성과 역사관

현재 대한민국 사회를 지배하고 있는 역사관은 민족주의 사관이다. 그것은 일제 식민지 시대의 식민 사관을 비판하고 남북 통일의 당위성을 옹호하는 역사관이다. 그러나 지금의 한반도 현실은 민족주의 개념으로는 설명되기 어렵기 때문에 대한민국 국민 사관으로서의 '자유주의 사관'의 정립이 요구된다.

역사학계를 휩쓴 민족주의 사관

대한민국 사회에서 민족주의 감정이 일어나기 시작하던 1969년에 '중·고등학교 국사 교육(國史敎育) 개선을 위한 기본 방향'에 관한 보고서가 발표되었다. 그 보고서는 지금 대부분의 사람들에게는 잊혀져 있지만, 대한민국 역사 교육의 토대가 된 민족주의 사관을 담은 중요한 문서였다.

그것은 박정희 정부의 권유에 따라 4명의 역사가들에 의해 작성되었다. 그들은 보수우파 성향의 한우근과 이기백, 진보좌파 성향의 이우성과 김용섭이었다. 그러한 인적 구성은 당시의 역사학계를 비교적 균형 있게 반영한 것이었다.

보고서는 한국의 역사 교육이 (1) 민족의 주체성, (2) 내재적 발전론, (3) 민중의 역할을 중심으로 이루어져야 한다고 강조했다. 간단히 말해 그것은 '민족주의 사관'을 집약한 것이었다.

첫번째의 '민족의 주체성(主體性)'에 대한 강조는 당시 한국의 많은 지식인들이 서양 자유자본주의 체제의 도입과 실험에 대한 반발을 나타낸 것이었다. 또한 그것은 미국 정부가 인권(人權) 문제를 들어 박정희 정부를 압박하는 데 대한 반발을 나타낸 것이기도 했다. 따라서 그것은 박정희 정부의 '한국적 민주주의', '민족 주체성', '국적 있는 교육'의 구호와도 일맥상통하는 개념이었다.

민족주의 사관의 핵심인 '내재적 발전론'

두번째의 '내재적(內在的) 발전론'에 대한 강조는 당시 한국의 근대화가 서양을 모방하고 있는 데 대한 민족주의적 반발을 나타낸 것이었다. 동시에 그것은 자본주의, 민주주의같은 서양의 근대적 요소들이 후기 조선에서도 자생적(自生的)으로 싹트고 있었다는 역사학계의 일부 주장을 반영한 것이기도 했다.

당시에 일부 역사가들은 조선 후기의 상업 발달에서 자본주의의 싹을 발견하고, 실학 운동과 동학 운동에서 민주주의의 근원을 찾을 수 있다고 주장했다. 그와 같은 주장은 자본주의와 민주주의를 배우기 위해 구태여 서양에 갈 필요가 없다는 국수주의적인 것이었다.

세번째의 '민중(民衆)의 역할'에 대한 강조는 양반 등 소수의 지배층 대신 농민 등 다수의 피지배층(被支配層)을 중심으로 역사를 보아야 한다는 민중주의 사관을 반영한 것이었다. 그것은 일제 식민지 시대의 마르크스주의적인 '사회 경제사 학파'의 역사관(歷史觀)과 일맥상통하는 것이기도 했다.

민족주의를 민중주의와 통일 지상주의로 확대 해석

그러한 '민족주의 사학'은 1980년대에 오면서 급진적인 모습을 띠게 되었다. 당시 한국 사회는 급속한 산업화(産業化)의 진행으로 계급 갈등의 진통을 겪으면서 공산주의 이데올로기와 남북 통일에 대한 관심을 가지고 있었다.

그 결과로 나타난 것이 '민중 사학'과 '통일 사학'이었다. 그것들은 민족주의 역사관에 토대를 두고 있었지만, 그 밑바탕에는 남한의 무산대중에 대한 예찬과 함께 북한인들과 그들의 공산주의 체제에 대한 관심이 깔려 있었다.

'민중 사학'의 역사관은 소수(少數)의 엘리트에 대항해 다수(多數)의 민중을 대변하는 계급 사관이었다. 그러나 그것은 계급 투쟁을 옹호함에 있어서 공산주의가 아니라 민족주의를 내세웠다. 민족의 대부분을 차지하고 있는 민중은 실제로 민족 전체나 마찬가지라고 주장할 수 있으며, 그러한 의미에서 민중주의는 사실상 민족주의와 같은 말이라는 것이었다.

'통일 사학'의 역사관도 북한과의 통일을 지상 과제로 보는 민족주의의 표현이었다. 그것도 계급 사관의 의미를 지니고 있었다. 민족 속에는 당연히 북한인들과 그들의 공산주의 이념이 포함되기 때문이다.

그러므로 민족을 내세우게 되면 북한의 공산주의(共産主義) 체제까지 끌어안게 되는 효과가 있었다. 즉, 민족주의를 내세우기만 해도 계급 투쟁(階級鬪爭) 이론과 혁명(革命) 사상을 자연스럽게 주장할 수 있었던 것이다.

그 때문에 민족주의는 대한민국의 반공 체제를 공격하는 좋은 무기가 될 수 있었다. 민족주의의 명분만 내세우면, 대한민국은 언제나 북한과 결부시켜 평가되어야 했다. 그 경우에 전쟁을 막기 위해 외국군이 주둔해야 하고, 경제를 유지하기 위해 세계 경제와 얽혀야 하는 대한민국의 특수성은 고려될 수 없었다.

민족주의 사관에 쏠렸던 역대 정권들

그런데도 대한민국의 일부 정권들은 민족주의의 명분이 국가에 주는 압박감(壓迫感)을 제대로 이해하지 못했다.

전두환 정권은 일제 식민지 시대의 독립운동에 대한 연구를 크게 도왔다. 그러나 연구 대상 가운데는 공산주의자들과 관련된 것도 많았기 때문에, 그것은 공산주의가 위험한 사상이 아니라는 느낌을 국민에게 주는 데 기여했다.

노태우 정권은 해방 후에 중도파 민족주의자들이 시도했던 남북 협상을 추진했다. 그래서 1989년에는 북한에 '남북 연합'을 제의했다. 그리고 1991년의 '남북 기본 합의서'와 그에 따른 '부속 합의서'에서는 '정전 상태의 평화 상태로의 전환' 조항을 넣어 미군 철수 가능성까지 열어 놓았다.

김영삼 정권은 '이념보다 민족이 우선'이라는 민족 지상주의의 입장에서 남북 정상회담을 제의해서 북한의 동의를 얻어 냈다. 하지만 김일성의 급작스러운 사망으로 회담은 이루어지지는 않았다.

그러나 결국 그 꿈은 두 차례에 걸친 남북정상 회담을 통해 김대중 정권의 '6 · 15 선언'과 노무현 정권의 '10 · 4 선언'으로 실현되었다. 그것들은 연방제 통일 가능성과 북한에 대한 일방적인 경제적 지원을 선언한 것이었다.

이러한 민족주의적인 정책들은 국민에게 남북 통일이 아주 가까이 와 있는 것으로 착각하게 만들었다. 그 때문에 그 후 이명박 정권과 박근혜 정권에서도 '통일 항아리', '통일 대박'과 같은 비현실적인 구호가 나타나게 되었다.

남 · 북한의 달라진 '민족' 개념

그러나 통일된 민족 국가(民族國家)를 건설한다는 민족주의의 이상(理想)은 그렇게 쉽게 실현될 일이 아니었다. 그것이 실현되기 위해서는 우선 남한인과 북한인이 하나의 '민족'이라는 의식부터 형성되어야 하는데, 지금으로서는 그것조차 분명하지 않게 되었기 때문이다.

어느 인민(the people)이 민족(the nation)으로 인정받기 위해서는 공통된 언어, '공통된 과거', '공통된 생활 방식', '공통된 이해관계'를 가져야 한다. 그러나 지금 남한인과 북한인은 그러한 요건들을 제대로 갖추지 못하고 있다.

우선 남·북한 사이에 '공통된 과거'가 있었다고 확실하게 말하기 어렵다. 조선 왕조 500년 동안 서북 지역 사람들은 벼슬을 못 할 정도의 극심한 차별을 받음으로써 민족의 평등한 일원으로 받아들여지지 못했기 때문이다.

사실, 조선 왕국에서는 민족의 실체(實體)가 분명치 않았다. 서북 지역에 대한 오랜 차별 때문에 진정한 의미의 민족 개념이 형성될 수 없었기 때문이다.

1910년에 일제에 나라를 빼앗기면서, 민족주의자들은 일본인들에 대항해 싸울 주체로서 '민족'을 생각하게 되었다. 그때의 민족은 내부적 차별이 없는 평등한 것이어야 했다. 그러나 그러한 개념의 민족은 실제로 존재한다고 보기 어려웠기 때문에 민족은 민족주의자들의 머릿속에만 있는 '상상(想像)의 공동체'일 수밖에 없었다.

두 문명, 두 국가, 두 국민의 현실

광복(해방) 후에 북한 지역에서는 남한 지역과의 통일을 위한 협의조차 없이 빠른 속도로 단독 국가가 세워졌는데, 그것은 뿌리 깊은 지역적 불만의 작용으로 보인다. 당시 북한인들은 500년 만에 그들의 국가(조선민주주의공화국)를 가지게 된 데 대해 흥분하고 있었던 것 같다. 따라서 북한인들이 남북 통일을 위해 그들의 나라를 해체할 가능성은 전혀 없었다.

두 개의 국가가 세워진 후 남·북한 사이에는 '공통된 생활 방식'
과 '공통된 이해관계'가 생겨나지 못했다. 오히려 남·북한인들의
생활 방식, 즉 문명(文明)이 달라지고 있었다. 북한은 중국 중심의
전체주의적인 대륙 문명권(大陸文明圈)에 남아 있었던 반면에 대한
민국은 새로이 미국 중심의 자유주의적인 해양 문명권(海洋文明圈)
에 편입되는 '문명사적(文明史的)인 전환'을 겪었던 것이다.

이처럼 달라진 남북의 생활 방식을 증명이라도 하는 듯, 지금 북
한인들은 자신들을 '한(韓)민족'이 아닌, '태양 민족', '김일성 민족'
으로 부르고 있다. 이것은 통일의 주체가 될 민족의 실체(實體)가
확실하지 않음을 보여 주고 있는 것이다.

민족이 실체를 갖기 위해서는 1945년 광복이 된 다음 하나의 국
가 속에 통합되어 하나의 국민(國民)이 되어야 했다. 그러나 한(韓)
민족은 그러한 경험을 하지 못한 채 남북으로 갈리고 결국은 UN에
가입한 두 국가의 두 국민이 되고 만 것이다.

감상적 민족주의에 가려진 남북 문제의 본질

따라서 남북의 두 국민은 언젠가는 통합되어 한 국가의 국민이 되
어야 한다는 과제를 안고 있다. 그러나 아직 민족 내부의 통합 분위
기도 갖추지 못하고 있다.

이러한 상황에서 민족주의의 명분을 내세우는 것은 분단의 문제
를 해결하는 데 전혀 도움이 되지 않는다. 그 경우에 민족주의는 현
실과는 동떨어진 이념이 되어, 남한의 경우처럼 감상적(感傷的)인
구호로 끝나거나, 북한의 경우처럼 선전적(宣傳的)인 구호로 끝날
가능성이 크기 때문이다.

따라서 지금 두 국민이 내세울 수 있는 이념은 각자의 국민주의
(國民主義)뿐이다. 그것은 통일의 조건이 무르익을 때까지 두 국민

은 각자의 생활 방식대로 자기 나라의 발전에 힘쓸 수밖에는 없다
는 것을 의미한다.

그리고 그것은 두 국민이 장래의 통일을 생각해 상대방을 인정하
고 존중하는 조심스러운 관계여야 한다는 것을 의미한다.

대한민국의 국가주의와 자유민주주의

대한민국은 헌법 제4조에서 국가적 정체성을 '자유 민주적 기본
질서'로 표시하고 있다. 그것은 대한민국이 서방 세계의 자유 민주
주의(Liberal Democracy) 국가임을 보여 주고 있다.

자유 민주 국가는 자유주의 이념과 민주주의 제도를 결합한 국가
로서, 간단히 줄여서 민주주의 국가, 자유주의 국가로 부르기도 한
다. 개인(個人) 자유의 보장을 최고의 가치로 여기는 자유주의(自由
主義) 이념, 그리고 자유선거(自由選擧)를 최선의 참여 방법으로 여
기는 민주주의(民主主義) 제도는 동전의 양면과 같은 밀접한 관계
이기 때문이다.

대한민국의 정체성과 관련해서 본다면, '민주주의'보다 '자유민주
주의'가 더 적합하다. 왜냐하면 '공산주의'를 '민주주의'로 바꾸어 부
르는 북한의 잘못된 관행이 우리의 용어 사용에 혼란을 일으키기
때문이다.

자유선거가 실시된 적이 없는 북한이 국호(國號)에 민주주의라는
단어를 붙이는 데에는 선전적 의도가 숨어 있다. 그 때문에 해방 직
후에 남한의 공산주의자들도 북한의 공산주의 체제를 '진보적 민주
주의'로 잘못 부르게 되었던 것이다.

대한민국의 정체성에 맞는 '자유주의 사관'

그러므로 지금은 북한과는 상관없이 대한민국의 정체성을 정확하

게 표현할 국민주의적 역사관(歷史觀)이 필요하게 되었다.

그와 같은 경우는 제2차 세계대전 직후의 미국에서 국가적 정체성을 옹호하기 위한 애국주의적인 역사학이 유행했던 사실에서 찾을 수 있다. 당시 미국의 자유주의 체제는 유럽에 뿌리를 둔 공산주의자들과 파시스트들의 도전으로 위기를 맞고 있었다. 그에 따라 미국적 체제를 지키려는 보수적이고 애국주의적인 역사학이 나타나게 되었다.

지금 대한민국도 그것을 옹호할 역사관과 역사학을 필요로 하고 있다. 그러한 역사관과 역사학의 임무는 헌법 제4조에서 대한민국의 국가적 정체성으로 규정한 '자유 민주적 기본 질서'를 옹호하고 그것의 역사적 토대를 밝혀 내는 것이다. 우리는 그것을 '자유주의 사관' 또는 '자유주의 사학'으로 부를 수 있을 것이다.

대한민국의 뿌리는 구한말 개화파 전통

우리나라에서 서양적 의미의 자유민주주의의 싹이 보이기 시작한 것은 구한말(舊韓末)이었다. 그때 개화파(開化派)들은 위정척사파(衛正斥邪派)에 맞서 서양의 선진 문물을 받아들여 부국강병을 이룩하려 했다.

그러므로 오늘날의 '자유주의 사학'은 김옥균, 서재필, 유길준, 윤치호, 이상재 등의 개화파의 역할을 재평가(再評價)하는 역사학으로 시작되어야 할 것이다.

그들 개화파는 서양인들의 자유 민주주의(Liberal Democracy)에 대해 피상적으로나마 알기 시작한 최초의 자유주의자(自由主義者)들이었다. 그것은 19세기 말 아펜셀러가 세운 배재학당의 학생이었던 이승만이 미국인 선교사들로부터 배운 가장 값진 지식은 '정치적 자유'의 개념이었다고 회고한 사실에서 확인된다.

그러한 자유주의 전통은 일제 식민지 시대에도 이어졌다. 나라가 없었기 때문에 사회 전반에 걸친 자유화와 근대화의 운동은 불가능했다.

하지만 새로운 해양 문명(海洋文明)에 적합한 인재를 양성하는 일을 조심스럽게 추진하는 과정에서 자유주의 사상은 조금씩 퍼져 나갔다. 그 주역은 이상재, 윤치호, 송진우, 김성수, 조만식, 신흥우, 김활란 같은 식민지 사회(植民地社會)의 지도층이었다.

그들은 일제의 압제 속에서 활동할 수밖에 없었기 때문에 일부는 친일파의 오명을 얻을 수도 있었다. 그러나 그들은, 소수의 독립운동가들이 해외에서 분투하는 동안, 한반도 안에서 2,300만의 한국인 '식민지 사회'를 어렵게 발전시키고 있던 엘리트였다.

그들에 의해 키워진 인재들은 나중에 대한민국의 건국과 발전을 이끈 '건국 세력'과 '산업화 세력'의 주축이 되었다.

더 읽어야 할 책

이 책에서 다룬 내용들에 관한 참고 문헌은 수없이 많으므로, 여기서는 그 가운데서 읽기 쉬운 몇 가지의 기본서만을 소개한다.

1. 역사관과 이데올로기

* 차하순 엮음, 《사관이란 무엇인가》, 청람문화사, 1988.
  오래된 책이기는 하지만, 여러 가지 사관을 잘 요약해 주고 있다.

* 허승일, 《다시, 역사란 무엇인가?》, 서울대 출판문화원, 2009.
  역사의 의미가 무엇인지를 역사학자와 사상가들을 중심으로 다루고 있다. 국내외의 참고 자료들을 제시하고 있다.

* 김기봉, 《히스토리아, 쿠오바디스: 탈근대, 역사학은 어디로 가는가》, 서해문집, 2016.
  포스트모더니즘의 사학과 대중 매체의 관계를 다루고 있다. 역사를 드라마와 뮤지컬로 바꾼 사례 등 최근의 경향을 제시하고 있다.

* 임상우 외 옮김, 조지이거스, 《20세기 사학사》, 푸른역사, 1999.
  현대 서양의 역사학에 관한 동향을 소개하고 있다.

* 정경희 외, 《세계 각국의 역사 논쟁》, 대한민국역사박물관, 2014.
  역사 교과서 논쟁과 관련하여 각국에서 논의되고 있는 의견 충돌을 제시하고 있다.

* 김영한 • 임지현 엮음, 《서양의 지적운동》, 지식산업사, 1998.
  서양의 중요한 사상들을 시대별로 나눠 필자들의 글을 통해 소개하고 있다.

* 이홍구 옮김, 프레데릭왓킨스, 《근대정치사상사》 을유문화사, 1978.

오래된 책이기는 하지만 자유주의로 시작되는 서양의 근대 정치 사상을 알기 쉽게 소개하고 있다.

* 정연주 옮김, E.K.헌트, 《자본주의 전개와 이데올로기》 비봉출판사, 1986.

  서양의 이데올로기를 좌파적 시각에서 설명하고 있다.

2. 남·북한의 건국 과정

* 차하순, 남시욱, 이인호, 한영우 외 13인, 《한국현대사》 세종대학교 세종연구원, 2013.

  세종대학의 세종연구소가 16명의 학자들을 동원하여 학생들을 위해 만든 대한민국 역사이다. 각 장마다 국내의 주요 참고 문헌이 제시되어 있다.

* 김학준, 《북한의 역사》 1-2권, 서울대출판부, 2008.

  광복 후 3년간의 북한 역사를 사료에 근거에 서술한 방대한 전문적 연구서이다. 그러나 쉽게 풀어 썼기 때문에 읽기가 편하다. 남한의 건국 과정도 자세하게 다루었다.

* 손세일, 《이승만과 김구》 전 6권, 조선 뉴스프레스, 2016.

  독립운동, 해방, 건국의 과정에서 큰 역할을 했던 이승만과 김구의 활동을 쉽고 자세하게 제시함으로써 한국 현대사의 흐름을 보여 주고 있다.

* 이정식 지음, 허동현 엮음, 《21세기에 다시 보는 해방후사》, 경희대 출판문화원, 2012.

  펜실베이니아 대학의 이정식 교수와 경희대학의 허동현 교수가 해방 전후사에 대해 새로운 해석을 내놓은 책이다. 전문 서적이지만 읽기가 쉽다.

* 양동안, 《대한민국 건국사 : 해방 3년의 정치사》, 현음사, 2011.

  건국 과정에 관한 전문 연구서이다. 따라서 다른 책들을 읽고 난 다음에 검토하는 것이 효과적이다.

* 이주영, 《대한민국의 건국과정》, 건국이념보급회, 2013

  광복 후 3년 동안의 건국 과정에서 나타난 복잡한 사건들을 간략하게 요약한 입문서이다.

* 신복룡, 《인물로 보는 해방 정국의 풍경》, 지식산업사, 2017

  좌·우익의 인물들을 골고루 다루었기 때문에 독자 나름대로 뚜렷한 입장을
  가지고 읽어야 이해에 도움이 된다.

3. 6·25 전쟁

* 국방부 군사편찬연구소, 《6·25 전쟁사》 전 11권, 2004~2013.

  대한민국 국방부가 편찬한 6·25 전쟁에 관한 공인서이다. 내용이 자세하므
  로 분량이 방대하다.

* 남정옥, 《6·25 전쟁 이것만은 알아야 한다》, 삼우사, 2010.

  6·25 전쟁에서 중요한 문제점들을 뽑아 쉽게 쓴 입문서이다.

* 박동찬 편저, 《한 권으로 읽는 6·25 전쟁》, 국방부 군사편찬연
  구소, 2016.

  일반 독자들이 6·25 전쟁을 쉽게 이해하도록 쓴 입문서이다.

* 남시욱, 《6·25 전쟁과 미국: 트루먼, 애치슨, 맥아더의 역할》,
  청미디어, 2015.

  6·25전쟁에서 중심적 역할을 했던 세 인물에 관한 연구서이다. 전문 서적
  이지만 읽기가 어렵지 않다.

* 김명섭, 《전쟁과 평화: 6·25 전쟁과 정전 체제의 탄생》 서강대
  출판부, 2015.

  정전 회담 과정을 주로 다루고 있지만, 6·25 전쟁 전체 과정을 객관적으로
  이해하기에 좋은 책이다.

* 이영훈, 《대한민국 역사 : 나라만들기 발자취 1945-1987》, 기파
  랑, 2013.

  대한민국의 역사적 의미를 전체적으로 생각해 보게 하는 개설서이다.

찾아보기

역사 어떻게 볼 것인가

초판 1쇄 인쇄 2018년 7월 20일
초판 1쇄 발행 2018년 7월 30일

발 행 인 양철우
발 행 처 교학도서㈜
공 급 처 ㈜교학사
주   소 서울특별시 마포구 마포대로 14길 4
          우편번호 04211
전   화 영업(02) 707-5147
          편집(02) 313-7654
팩   스 편집(02) 312-2114
등   록 2000년 10월 10일

값 10,000원